忠雅之表范

蒋琬

评传

成都市双流区文化体育和旅游局
西华师范大学区域文化研究中心
立项支持

蔡东洲 著

四川大学出版社

图书在版编目（CIP）数据

忠雅之表范：蒋琬评传 / 蔡东洲著. — 成都：四川大学出版社，2023.12
（巴蜀文化丛书）
ISBN 978-7-5690-6468-1

Ⅰ．①忠… Ⅱ．①蔡… Ⅲ．①蒋琬－评传 Ⅳ．①K827=362

中国国家版本馆 CIP 数据核字（2023）第 221878 号

书　　名：忠雅之表范：蒋琬评传
Zhongya zhi Biaofan: Jiang Wan Pingzhuan
著　　者：蔡东洲
丛 书 名：巴蜀文化丛书

丛书策划：张宏辉　杨岳峰
选题策划：何　静
责任编辑：何　静
责任校对：周　颖
装帧设计：墨创文化
责任印制：王　炜

出版发行：四川大学出版社有限责任公司
　　　　　地址：成都市一环路南一段 24 号（610065）
　　　　　电话：（028）85408311（发行部）、85400276（总编室）
　　　　　电子邮箱：scupress@vip.163.com
　　　　　网址：https://press.scu.edu.cn
印前制作：四川胜翔数码印务设计有限公司
印刷装订：四川五洲彩印有限责任公司

成品尺寸：155 mm×235 mm
印　　张：14.25
插　　页：4
字　　数：205 千字

版　　次：2024 年 3 月 第 1 版
印　　次：2024 年 3 月 第 1 次印刷
定　　价：68.00 元

本社图书如有印装质量问题，请联系发行部调换

版权所有　◆　侵权必究

四川大学出版社
微信公众号

图1 蒋琬行迹示意图

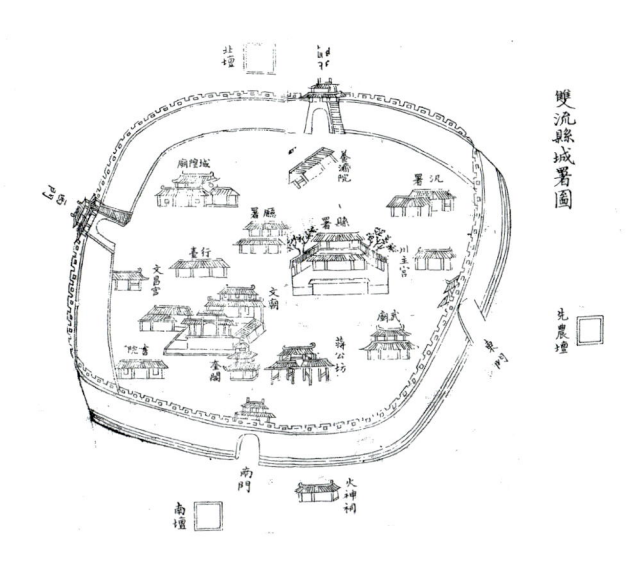

图2 嘉庆双流县城城隍庙与蒋公旧治坊位置示意图（双流文物管所李国供）

图3 绵阳西山公园内的蒋琬铜像（绵阳西山公园管理处提供）

图4 成都双流蒋琬祠

图5 绵阳西山蒋琬墓园大门（绵阳西山公园管理处提供）

图6 绵阳西山清刻蒋琬本传碑（绵阳西山公园管理处提供）

图7 1914年外国人拍摄的蒋琬墓地

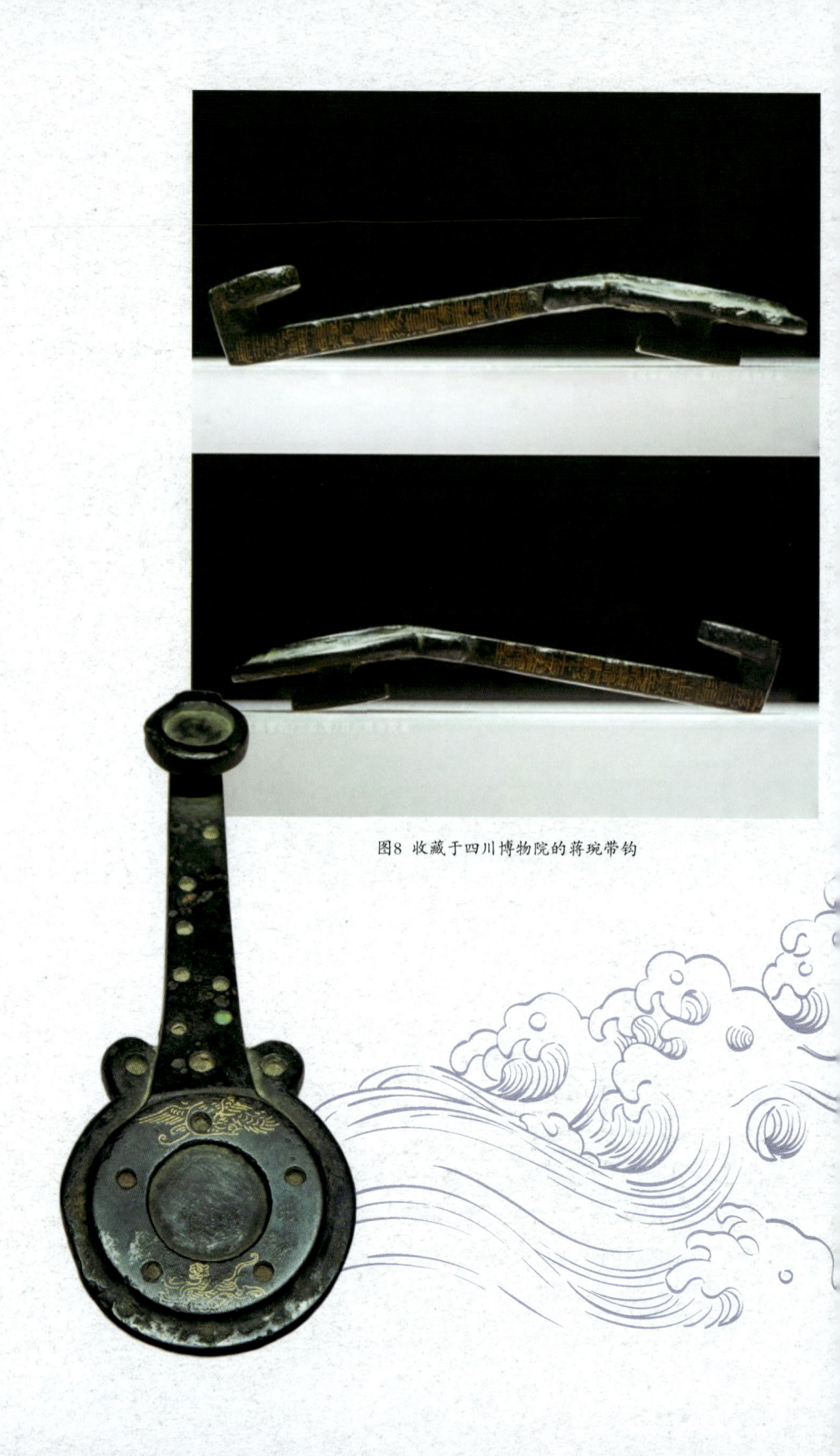

图8 收藏于四川博物院的蒋琬带钩

序

蒋琬，字公琰，汉末荆州零陵郡湘乡县人。赤壁之战后，追随刘备，为荆州书佐。入蜀后，出任广都长，再用为什邡令，上调尚书郎，选任丞相府东曹掾，晋升丞相参军、长史。后主刘禅遵从丞相诸葛亮遗嘱，拜为尚书令，升大将军，录尚书事，封安阳亭侯，终官大司马。全面主持蜀汉国政十余年，是继诸葛亮之后蜀汉首任执政大臣。《华阳国志》将其与诸葛亮、费祎、董允合称为"四英"①。蒋琬本着"安民为本"的治蜀理念，稳定内政局势，调整对外战略，取得了"边境无虞，邦家和一"的治理效果。

一

蒋琬研究是一个极富时代价值和学术意义的课题。其为政、为人皆有值得后世继承和弘扬者，此择其要者有四：

第一，"为政以安民为本，不以修饰为先"②。这是诸葛亮对蒋琬为政的评语。蒋琬无论是早年担任县令，还是晚年主政蜀汉，始终以"安民"为第一要务，"执政为民"，不搞"形式主义"。

---

① [晋]常璩著，刘琳校注：《华阳国志》卷七《刘后主志》，成都时代出版社，2007年，第308页。
② [晋]陈寿：《三国志》卷四十四《蒋琬传》，中华书局，2013年，第1057页。

第二，审时度势，客观务实。绍续刘汉、诛灭曹贼是蜀汉政权建立和存在的理论依据，诸葛丞相因此不顾"成败利钝"，多次率军北伐。作为诸葛亮的继承人，蒋琬并没有完全照搬"诸葛之成规"，而是适时调整对魏策略，主动放弃无功之北伐，减免巴蜀百姓转运之苦、蜀汉将士锋镝之难。

第三，集思广益，引贤共治。诸葛丞相辅政，"政事无巨细，咸决于亮"。蒋琬虽为主政大臣，却不独断专行，而是主动将主政大权向尚书令费祎、侍中董允、将军姜维等转移和分割，诸如移驻涪城、衔持河右等重大决策都是集思广益，与诸贤商定的，从而形成了蜀汉政治由前期诸葛丞相"一人专政"到后期蒋、费、董、姜"诸贤共政"的政治局面。

第四，公允持正，仁厚大度。蒋琬主政以稳定局势、与民休息为首务，起用有过错者，包容意见相左者，宽恕诋毁攻击者。诸葛亮专政时被废者多被蒋琬重新起用，如向朗，"追论旧功，封显明亭侯，位特进"[①]。费诗为谏议大夫，来敏为大长秋。宽恕大将军府东曹掾杨戏和督农杨敏更显其雅量，故后人如此概括其功业和仁厚："小心自可襄诸葛，大度尤能恕二杨。"[②]

二

在三国人物研究中，蒋琬研究虽然不能说是学术空白，但可以说很不充分。究其原因，蒋琬功绩主要还是被其前之诸葛亮和其后之姜维所遮掩。唐宋以前，蒋琬的功德和形象被名垂宇宙的诸葛亮所遮掩，如唐宋之武成庙中皆有诸葛亮神位，各地还有诸

[①] [晋]陈寿：《三国志》卷四十一《向朗传》，中华书局，2013年，第1010页。

[②] [清]唐存：《李刺史修复蒋恭侯祠落成》，民国《绵阳县志》卷一《坟墓》，《四川历代方志集成》本，国家图书馆出版社，2015年。

葛亮专祠，并享有国家典祀，而在武成庙从祀的集议中蒋琬连提名都没有。宋元明以来，三国平话、三国杂剧、三国小说兴盛，这些三国文学艺术作品强化权谋征战，弱化和平治理。蒋琬不仅被"智绝"诸葛亮所淹没，而且被其下属姜维所遮盖，其历史名位和故事情节都大幅度下降和萎缩，在现存五十多个元明剧目中竟然没有一个以蒋琬为主角的，在《三国演义》中蒋琬的篇幅也很少。

20世纪80年代以来，蒋琬坟墓所在地四川绵阳试图改变蒋琬研究的薄弱现象，并为之付出了不少努力，如成立蒋琬文化研究会，召开蒋琬学术研讨会，编撰蒋琬研究论文，创作蒋琬文艺作品等，虽然未完全达成目标，但确实引起了一些学者对蒋琬事迹和品德的关注，其后陆续有以蒋琬为研究对象的专题论文问世。迄今，直接以蒋琬为研究对象的文章已有四十多篇，主要集中于绵阳墓葬、籍贯故里、治蜀安民、东征兴庸、宽仁大度等五个方面。

绵阳墓葬是蒋琬研究中率先进入文史学者视野的。从1985年到2004年，有四篇研究蒋琬墓的专题论文。赵树中针对绵阳西山蒋琬墓是"清代附会名胜之物"的质疑，发表了《蜀汉名臣蒋琬墓》，在简明论述蒋琬功业后，以陈寿《三国志》和《华阳国志》为依据，并以清代《直隶绵州志》等地方文献为佐证，论证蒋琬卒于绵阳，葬于西山。[①] 不久，何志国从绵阳博物馆征集到的清代同治年间编修的《蒋氏通谱》中发现这样的记载："汉唐以蔽，时隔地殊，先世佳城多不可考，至蜀汉大司马琬公，卜葬宁邑灰汤，千有余年，归然常峙。"即蒋琬卜葬于今湖南省宁乡县灰汤镇。于是，发表了《蒋琬葬于绵阳考辨》[②]，对绵阳西

[①] 赵树中：《蜀汉名臣蒋琬墓》，《四川文物》，1985年第3期。
[②] 何志国：《蒋琬葬于绵阳考辨》，《四川文物》，1991年第1期。

山蒋琬墓的来历进行系统梳理，对蒋琬墓冢的形制、墓前的石俑，以及20世纪30年代出土、现藏于四川博物院的蒋琬带钩都做了较为全面的介绍和论述，并根据魏晋历史文献以及《元和郡县志》《蜀中广记》等记载，肯定蒋琬墓在绵阳无疑，而《蒋氏通谱》所载为千年后才出现的孤证，不可采信。其后沈伯俊《蒋琬与恭侯墓》[①]和张学君《"汉大司马蒋恭侯墓"与蜀汉名相蒋琬》[②]，都对蒋琬墓进行了叙述，并对蒋琬继承诸葛亮政治遗规，延续三国鼎立格局，予以充分肯定，对蒋琬的宽仁大度给予赞扬。

籍贯故里是蒋琬研究中的一个热点问题。蒋琬籍贯、故里之争20世纪80年代以来一直存在于苏、湘、桂三省之间，而湘省又有湘乡、祁阳、祁东、泉陵、零陵等说。对于地方文史研究者而言，这个问题更多的是由行政建制变迁造成的；对于蒋氏族人来说，这个问题则是由尊奉蒋琬为蒋氏远祖而带来的。王孝柏《蒋琬故里考》从相关地方志、蒋氏谱牒及碑石镌刻考证，蒋琬故里并不在零陵郡湘乡县，而在零陵郡泉陵县，即今湖南省衡阳市祁东县。[③]当然，清代府县志、蒋氏谱牒和清代出现的"蒋琬故里"碑等，都还不足以推翻《三国志》和《华阳国志》的记载。吕国康在《三国名臣蒋琬籍贯、故里考》中较为全面地梳理了关于蒋琬籍贯的多种说法及其依据，还进行过实地考察，不过其结论更像是在"迁就"多种说法，认为蒋琬祖籍阳羡（今江苏宜兴），东汉末年生于零陵郡湘乡县（包括今湘乡市、双峰县、宁乡县），从小在泉陵县（包括今永州市零陵区、祁阳县，衡阳

---

① 沈伯俊：《蒋琬与恭侯墓》，《三国漫话》，四川人民出版社，2000年，第419—421页。
② 李学君：《"汉大司马蒋恭侯墓"与蜀汉名相蒋琬》，《四川文物》，2004年第5期。
③ 王孝柏：《蒋琬故里考》，《文献》，2004年第2期。

市祁东县）长大，二十岁左右与外弟刘敏一起随刘备入蜀，成为名臣。其父蒋昕、长孙珩迁居泉陵县。其继配毛氏夫人及三子迁居零陵县（今广西全州）。蒋琬及其父在泉陵太平寺内东邱住过，故该地有其故宅、故里。蒋昕、蒋珩葬泉陵，毛氏夫人葬全州。还特别指出，蒋琬生于零陵湘乡一事，尚需进一步研究，"湘乡"所指应该寻找新的支撑。① 这个结论把苏、湘、桂多种籍贯和故里的说法都照顾到了，但在论据方面始终离不开清代和民国年间编修的府县志和蒋氏谱牒，当然，也确实没有其他文献记载支撑，这也就削弱了其结论的可信度。

治蜀安民的理念和实践是蒋琬研究中普遍关注的问题。改革开放以来，研究蒋琬治蜀的论文有十余篇，即使以研究蒋琬坟墓、籍贯、故里等为对象的论文，亦不免要论述蒋琬的治蜀理念和治蜀功效。沈伯俊《诸葛亮的接班人——蒋琬》对蒋琬一生的事迹进行了较为全面的论述，认为蒋琬执掌国政后，坚持"安民为本"的执政理念，发展经济，调整战略，安定民生，协调君臣，维护了蜀汉的稳定政局，做到"边境无虞，邦家和一"，堪称继承诸葛亮执政理念的一代贤相，其历史地位高于姜维，而其执政理念可永远垂范。② 时殷弘《从徒劳北伐到蜀汉覆亡：战略的蜕化、复兴和湮灭》认为，蒋琬和费祎"将羸弱和近乎耗竭的王国的大战略改变为一种保守和休养的大战略，那恰为当时所需"③。时殷弘还以此证明一种战略理论，即按照能力去规定目标，按照代价去评判得失。其他有关论文或普及读物也多对蒋琬治蜀理念和治蜀成效持肯定态度。

---

① 吕国康：《三国名臣蒋琬籍贯、故里考》，《寻根》，2020年第2期。
② 沈伯俊：《诸葛亮的接班人——蒋琬》，《西华大学学报》（哲学社会科学版），2011年第4期。
③ 时殷弘：《从徒劳北伐到蜀汉覆亡：战略的蜕化、复兴和湮灭》，《世界政治研究》，2018年第2期。

调整对魏政策，筹划东征兴（魏兴）庸（上庸），是近些年蒋琬研究的新热点。作为诸葛亮的继承者，蒋琬既不能改变其敌对曹魏的政策，又不能步其北伐无功的后尘，在驻节汉中时，与费祎等反复深入讨论后，调整了对魏策略，即由"北伐秦川"变为"衔持河右"。首先贬议蒋琬"东征兴庸"的是罗开玉、谢辉《三国蜀后主刘禅新论》，认为蒋琬在汉中只是摆出架势而已，并非要真正北伐或东征。此文还进一步指出，这是"后主的意思"。① 在此方面还有沈伯俊《诸葛亮的接班人——蒋琬》和王前程《论蒋琬东征战略的价值及其流产的主要原因》。沈文在"审时度势，调整战略"一节中指出，面对魏强蜀弱的整体态势，蒋琬大胆修正诸葛亮全力北伐的方针，以守边为本，以静制敌。特别指出其积极筹划的东征战役虽然没有实现，但其设想仍是很有道理的，进而肯定蒋琬是蜀汉头脑最清醒、最具战略眼光的杰出领导人。② 王文则专题讨论蒋琬的东征问题，认为蜀汉名相蒋琬虽不以军事才智闻名，却是一位颇具战略头脑的战略家。蒋琬的东征战略计划，是对诸葛亮《隆中对策》制定的北伐战略路线的大胆修正，具有十分珍贵的军事价值和历史价值。肯定东征三郡具有三个方面的积极意义：一是可以摆脱蜀汉北伐所面临的"道险运艰"的困境；二是修正了诸葛亮《隆中对策》所确定的主攻方向的失误；三是可以真正实现吴蜀相互策应、协同作战的战略构想。而自刘备、诸葛亮以后蜀汉决策者们墨守成规、保守落后的军事战略思想，是导致蒋琬东征战略计划最终流产的主要原因。③ 客观地说，王文揭示的这些积极意义尚需进一步讨论，

---

① 罗开玉、谢辉：《三国蜀后主刘禅新论》，《成都大学学报》，2009年第6期。
② 沈伯俊：《诸葛亮的接班人——蒋琬》，《西华大学学报》（哲学社会科学版），2011年第4期。
③ 王前程：《论蒋琬东征战略的价值及其流产的主要原因》，《西华师范大学学报》（哲学社会科学版），2019年第6期。

当然东征战略计划确实是因蜀汉朝议反对而流产的。另有蒋志在《蒋琬文化及其现代价值》文中认为，蒋琬调整对外政策"合符蜀汉的实际情况，虽然受到守旧大臣的反对，而实践证明新的战略是正确的"①。

蒋琬的宽仁大度在蒋琬研究中也颇受关注，尤其是一些普及性读物着力表彰蒋琬这一道德形象。《三国志》本传记载了蒋琬宽厚仁义的两个典型故事，即宽容杨戏的傲慢无礼和杨敏的恶言诋毁。或基于现实的刺激，这成为一些三国史爱好者刻意表彰的方向。据不完全统计，有十余篇文章专题描写蒋琬的仁厚和雅量，如鲁艺《蒋琬的心胸》②、刘建明《蒋琬的气度》③、刘克敏《蒋琬的雅量》④、骆延峰《蒋琬的宽容》⑤、张淦《受益惟谦 乃至高远》⑥ 等。沈伯俊《诸葛亮的接班人——蒋琬》⑦、王前程《一位不可多得的蜀中英才——蒋琬论》⑧ 等论文，虽然不是专题研究蒋琬的气度，但都从蜀汉后期杰出领导人的素质的角度论及其气度和心胸。这类论题虽然鲜有新意，却极富现实价值，因为这确实是为政者应当学习和效法的东西，以至有人直接将蒋琬的雅量与现实结合起来发挥，如颜宪明《蒋琬雅量今思》⑨，顾彭荣《从蒋琬善待逆耳之言说开去》⑩。

---

① 蒋志：《蒋琬文化及其现代价值》，《全国首届蒋琬文化学术研讨会论文集》（内部资料），第28页。
② 鲁艺：《蒋琬的心胸》，《石油政工研究》，2007年第1期。
③ 刘建明：《蒋琬的气度》，《文史天地》，2010年第10期。
④ 刘克敏：《蒋琬的雅量》，《中州统战》，1996年第8期。
⑤ 骆延峰：《蒋琬的宽容》，《思维与智慧》，2018年第24期。
⑥ 张淦：《受益惟谦 乃至高远》，《前线》，2021年第10期。
⑦ 沈伯俊：《诸葛亮的接班人——蒋琬》，《西华大学学报》（哲学社会科学版），2011年第4期。
⑧ 王前程：《一位不可多得的蜀中英才——蒋琬论》，《郧阳师范高等专科学校学报》，2004年第5期。
⑨ 颜宪明：《蒋琬雅量今思》，《机电兵器政工》，1994年第8期。
⑩ 顾彭荣：《从蒋琬善待逆耳之言说开去》，《前进论坛》，1998年第7期。

从蒋琬研究这五个方面来看，虽然公开发表的文章有数十篇，但其多数属于普及性读物，真正的学术论文并不多。因而，值得拓展和深入的研究空间仍然不小。例如，蒋琬在诸葛亮南征和北伐中到底充当什么角色，起过什么作用。又如，作为蜀汉的主政大臣蒋琬一直身居在外，他是如何主持朝政的；这种靠专使传递而决断军国大政的方式的效果究竟如何。再如，蒋琬调整蜀汉对魏政策与蜀汉政权的存亡有着什么样的关系；清代湘、桂蒋氏崇祀蒋琬为远祖或始祖有何社会意义和影响。如此之类，都值得广泛挖掘和深入探讨。

从文艺角度来表彰蒋琬，也是蒋琬研究中一个不可忽视的问题。高显齐先生近二十年间辛勤耕耘，创作出一批关于蒋琬的文艺作品，诸如历史章回小说《蜀汉风云》和《蜀汉名臣蒋琬》，30集电视连续剧剧本《蜀汉风云》，电影文学剧本《刘禅与蒋琬》，川剧剧本《贤相蒋琬》《蜀汉悲歌》和《红颜劫》。其中，《蜀汉风云》《蜀汉名臣蒋琬》和《刘禅与蒋琬》尤其值得关注。

《蜀汉风云》共计22回32万字，2007年由大众文艺出版社出版，是高先生与罗南合作完成的一部历史章回小说，重点描写诸葛亮去世到蜀汉灭亡这段历史，而蒋琬正是作者着力刻画和表彰的对象，并奠定了其后续一系列蒋琬艺术作品的基础。这部小说并非主观虚构，而是基于对蜀汉后期历史的梳理和研究，参照《三国演义》的虚实程度创作的，因而有人认为这是续写《三国演义》作品中最好的一部。

《蜀汉名臣蒋琬》共计24回24万字，2019年由团结出版社出版，是全面描写蒋琬一生功业的历史章回小说。小说除彰显蒋琬的才智、政绩、品德外，刘禅、费祎、董允、姜维、谯周等蜀汉后期名人也是作者重点刻画的人物。同《蜀汉风云》一样，这部小说是在梳理蜀汉后期历史的基础上创作的，其"三湘才子""求恕马谡""主持朝政""闭境安民""截曹大胜""西山忠魂"

等情节都是有历史依据的。这也是第一部用文学的手法展现蒋琬事迹的作品。

《刘禅与蒋琬》剧本是高先生描写蒋琬的多个剧本的代表作品，讲述蒋琬从"登庸主政"到"辞世涪城"的历史故事，同样是在梳理历史事实的基础上创作的。高先生试图再现蒋琬临危受命，践行"为政以安民为本"的治理理念，停止北伐，闭境养民，调整防御，务实进取，取得政局稳定、民众安宁的治国成效。

应该承认文艺作品的影响力往往可以超越历史著作。高先生为给蒋琬"正名"付出了巨大的努力，不过历史人物的历史地位和社会影响还是取决于其自身的功勋德业。蒋琬确实是蜀汉优秀的政治人才，在主政的十余年间取得了"边境无虞，邦家和一"的治国成效，然或因身体多病，他很早就主动将主政大权向费祎、董允、姜维等人转移，形成"诸贤共治"的局面，由此弱化了其个人的功绩，也就不可能与诸葛丞相比肩而立。更重要的是，无论在历史著作还是文艺作品中，蒋琬都被光辉高大的诸葛亮掩盖了，千百年来形成的这一文化现象远不是几部传播不广的文艺作品所能改变的。

三

《蒋琬评传》是全面系统地研究蜀汉名臣蒋琬的第一部历史作品。其研究资料无论是文献资料还是实物资料都相当稀少，这应该是蒋琬研究薄弱的重要原因。在文献资料方面，主要是陈寿《三国志》和常璩《华阳国志》。陈寿《三国志》为蒋琬立传，共计1305字，含斌、显二子附传213字，表弟刘敏附传87字，正传1005字。裴松之《注》极大地丰富了《三国志》的信息量，然于《蒋琬传》却没有一条注释。《华阳国志》中只有蒋琬及其相关人事的点滴记载。在实物资料方面，主要是清代道光以来多

次修复的绵阳蒋琬祠墓,以及明清时期在湖南零陵、湘乡、宁乡、祁阳和广西全州等地出现的蒋琬故居、祠堂和碑刻。

这些资料是研究蒋琬的基础材料,但还难以再现蒋琬的生平事迹、功勋德业和深远影响,需要广泛调查、挖掘、收集和整理地方相关资料。其主要渠道有四:

一是以蒋琬履历为线索到成都双流调查了解清代双流县以蒋琬夫妇为城隍神的情况,以及晚清民国时期双流县城主街跨立的"蒋公旧治"牌坊的存毁情况。由于这些信息不详于《双流县志》,主要是依靠当代双流文史工作者提供的信息和材料。

二是三次实地考察绵阳西山蒋琬祠墓。根据清代《绵州志》提供的线索,到绵阳蒋琬祠墓认真考察其墓冢、墓碑、石俑、线刻画、塑像和楹联,释读现存于四川博物馆的"蒋琬带钩"上的文字。

三是搜罗湖南湘乡、零陵、宁乡、祁阳和广西全州的明清县志和蒋氏族谱关于蒋琬子孙、亲属及纪念设施的记载。改革开放以来,这些县区产生了蒋琬籍贯之争,并发表了多篇关于蒋琬籍贯问题的专题文章。根据这些文章引用线索,借助"中国方志库"和上海图书馆"上图家谱"等电子资源,遍检地方志书和蒋氏谱牒,收集和整理其中关于蒋琬故居、祠堂、碑刻等明清纪念设施及亲属材料。

四是寻查中国历代文史名家对蒋琬功勋德业的评论。蒋琬并不是古代史学家重点关注的蜀汉人物,即使像宋人陈亮那样品评了数十个三国人物,亦不及蒋琬。不过,宋人苏辙从人才的角度讨论蜀汉存亡时论及蒋琬。在类同蜀汉的历史境遇下,南宋郭允蹈的《蜀鉴》以史鉴的取向评论过蒋琬。清代王夫之在《读通鉴论》中则对蒋琬及其相关人事有比较多的评论。

《蒋琬评传》依据这些资料对蒋琬的生平事迹、功勋德业、历史影响进行了全面而系统的论述,也得到了一些关于蜀汉政治军事的新认识。此择举数条以窥之。

其一，蒋琬归从刘备是在刘备收服荆南四郡时。据《三国志》本传，蒋琬在荆州只有两条信息：与外弟刘敏俱知名和为荆州书佐。综合分析应该是两条途径：一是刘备收服荆南四郡时，蒋琬与表兄潘濬一样归从了刘备。二是在随后的诸葛亮到临烝征收赋税和收络人才时，蒋琬归从了刘备。而后一种可能性更大。蒋琬为广都长时诸葛亮评价其曰"为政以安民为本，不以修饰为先"，非百里之才，乃社稷之臣。此非一时随意之语，而是对蒋琬有着深刻的了解。而诸葛亮了解蒋琬可能始于其前往荆南四郡征收赋税和收络人才时，他接纳了蒋琬，并将其带回公安，任为荆州书佐。这或许也是诸葛亮一直关照和栽培蒋琬的起因。

其二，蒋琬和费祎主政并非"承诸葛之成规，因循不革"。古今论者多称蒋琬和费祎执政，承袭诸葛丞相制定的政治政策和军事策略而不改。事实并非如此，蒋琬和费祎对诸葛丞相的内政外交政策都进行过较大幅度的调整，其中最明显的是纠正了诸葛丞相对内之严刑峻法，起用被贬旧臣，宽容相左政见；对外则放弃了"北伐秦川"，提出了"东征兴庸"，实施了"衔持河右"。但作为诸葛丞相的接班人，蒋琬没有公开对诸葛丞相之制进行改革、纠偏等言论，而是暗中调整内外政策。无论调整内容还是调整手法，都显示了蒋琬高妙的政治智慧。

其三，蒋琬主政虽然以大将军和大司马名义开府汉中和涪城，但其地位和权力始终无法与诸葛亮相提并论。诸葛丞相主政，蜀汉"政事无巨细，咸决于亮"；而蒋琬主政，虽然唐宋以后其也被评论者称为"丞相"，但实际并无"丞相"名号，并且主动将主政大权向尚书令费祎、侍中董允、征西大将军姜维等转移和分割。这除了蒋琬晚年身体多病的客观原因外，还与蒋琬本人宽厚待人的个人品格和持重公允的执政风格密切相关。

其四，蜀汉所置前军师、后军师、中军师只是战时丞相或大将军的高级参谋,并非丞相府或大将军府的属僚。清代以来,《三国志》研究者却把这些官职都归为丞相府或大将军府属员。这是一个延续至今的错误认识。最明显的证据是,诸葛亮去世之后、蒋琬拜大将军之前,既无丞相府,又无大将军府,却仍然设有军师,杨仪平定魏延叛乱归朝,即拜为中军师。

其五,蜀汉参军在职能和地位上都具有特殊性。蜀汉所置参军与魏、吴有所不同,不仅是丞相或大将军征伐的军事参谋,而且是丞相府或大将军府长史的副职,因而与长史"同署府事"。另外,带兵出战将领有加"行参军"者,具有临时性质。

其六,对蒋琬变诸葛亮"北伐秦川"为"衔持河右"的对魏策略不能一概否定。鉴于诸葛丞相多次北伐而无功,蒋琬除执行诸葛丞相确定的"联吴抗魏"的总体战略,在对魏策略上放弃了"北伐秦川",而谋划"东谋兴庸"和实施"衔持河右",还把防御曹魏南下的军事总部由汉中南迁涪城。如此调整,对于防御曹魏南下还是有效的,在"兴势之役"中蜀汉取得胜利就是证明。但南宋郭允蹈在《蜀鉴》中对此予以全面否定,甚至认为蒋琬迁涪导致蜀汉灭亡。客观而论,蒋琬迁涪是解决自诸葛亮北伐以来北境蜀军"转运不继"的重大举措,即最大限度地减少军需转运的困难。蒋琬重用姜维,实施"衔持河右",尽管宋代以来学者认为此举虚耗国力,加速了蜀汉的灭亡,但也应该看到姜维在河右的军事活动对维持边境安宁、牵制曹魏南下还是很有成效的。

其七,蒋琬卒葬涪城,史载确凿,但现存墓冢并非三国故物。湖南零陵荆山蒋琬墓实为平都侯国相蒋嵩墓,宁乡灰汤的蒋琬墓是当地蒋氏修建的衣冠冢,而绵阳西山蒋琬墓见载于《三国志》《华阳国志》《元和郡县志》等历史典籍,可信无疑。20世纪在此出土的"蒋琬带钩"印证了这些典籍记载的真实性。但是,绵阳西山蒋琬墓并不一定是蜀汉故物,翔实记载此墓情况的历史文献到清代中期的嘉庆《绵州志》中才出现。今之蒋琬墓与清代也颇不同。从20世纪初法国考古学家色伽兰拍摄的蒋琬墓照片可以看出，当时蒋琬墓周边还有其他墓葬，且墓前石俑、石马与石蟠螭也是不同时代的雕刻。

其八，明清时期湘、桂出现的蒋琬后裔见载于当地州县志和蒋氏谱牒，虽然无法在魏晋文献中得到证实，却是蒋琬影响深远的体现。蒋琬二子斌、显在钟会"成都之变"中罹难。有文献可考的蒋琬亲戚只有孙吴刘阳侯潘濬和蜀汉云亭侯刘敏。元代以来，湖南、广西便有蒋姓人家奉祀蒋琬为远祖或始祖，并以"乐安堂"和"忠雅堂"为文化标识。以蒋琬为远祖或始祖的谱牒、祀蒋琬为远祖或始祖的祠堂本身就是对蒋琬历史地位的认可，是蒋琬社会影响力深远的一种体现。

四

20世纪90年代初，为配合地方政府"文化搭台，经济唱戏"，我跟随龙显昭先生研究三国历史文化，承担曹操、诸葛亮、关羽形象演变和魏蜀正统论争等几个专题，最终汇集成《三国文化历史走向》。后来，觉得关羽由武将到武圣的文化嬗变值得深入细致的研究，遂与文廷海合作，完成一部三国历史文化的专著《关羽崇拜研究》。由此，笔者对三国历史文化研究具备一些基础，却因转向研究《清代南部县档案》和调查巴蜀宋元城寨，没有把三国历史文化研究持续下去。2021年底，偶然在成都双流棠湖看见有座蒋琬祠，于是翻栏进入院内，才发现这只是一座规模不大的仿古建筑而已，除院坝正中央有座蒋琬塑像外，几乎没有与蒋琬相关的东西，颇为失望。随即搜罗网上对此祠的评论，其结果与自己的感受一样。在随后与地方文史工作者交流时，我把参观蒋琬祠的失望一一道出。出乎意料的是，双流文旅局的同志建议我撰写一部《蒋琬评传》，并以此作为棠湖蒋琬祠基础展陈内容。

在兴趣和信任的驱使下，我把一年多的时间和精力都耗在蒋琬研究上了。在广泛收集材料和实地调查研究的基础上，对这些碎片化的资料进行梳理、阐释和鉴别，论述蒋琬的生平事迹，探讨其功勋德业，表彰其历史地位，提炼其时代价值，汇成了这本《蒋琬评传》。

学术著作与展陈方案的内容要求、深浅程度、受众面向毕竟大不相同，担心棠湖蒋琬祠展陈设计者未必能够把《蒋琬评传》中的重要内容准确地提炼出来，便主动将收集的图文材料和调研成果编撰成一份图文并茂的《双流棠湖蒋琬祠展陈内容策划报告》，后续展陈设计者即可直接提取而进行展陈设计了。

《蒋琬评传》成稿，自己不免有几分欣慰，毕竟草创了一份全面系统再现蒋琬生平事迹和功德影响的传记，做成了一件有益于三国历史文化研究的事情，而且还可以弥补一些蜀汉历史文化研究的空缺。既往的蜀汉研究集中于前期（诸葛亮去世以前），忽略了后期（蒋琬主政以后），而前后期的蜀汉历史虽然有着天然联系，但两个时段具有不同的特点，况且蜀汉仅四十余年的历史，不应该重视一段而忽视另一段。《蒋琬评传》既弥补蒋琬个人研究的阙如，又对蜀汉后期历史研究有所拓展，也为三国文化进一步实现文旅融合发展提供了学术支撑，尤其是与蒋琬平生相关的四川之绵阳、双流，陕西之汉中，湖南之湘乡、零陵、宁乡、祁阳，广西之全州等地区。

同时，也有几分不安。由于时间的紧促和水平的局限，在材料的收集和阐释上、在内容的确定和布局上、在文字的撰写和修饰上，尚未做到"精耕细作"，难免错误和欠妥之处。恳请读者批评指正。

蔡东洲

2023 年 5 月

目 录

第一章 荆南名士 归从刘备 …………………………（1）
  一、知名才俊 …………………………………………（1）
  二、归随先主 …………………………………………（21）

第二章 效力蜀汉 主政广都 …………………………（25）
  一、出任广都 …………………………………………（25）
  二、百里之长 …………………………………………（31）
  三、留痕成都 …………………………………………（35）

第三章 佐赞诸葛 保障后勤 …………………………（41）
  一、入选曹掾 …………………………………………（41）
  二、升任参军 …………………………………………（43）
  三、晋升长史 …………………………………………（49）

第四章 总揽国事 持正公允 …………………………（55）
  一、综理国政 …………………………………………（55）
  二、处置魏杨 …………………………………………（62）
  三、持正公允 …………………………………………（69）
  四、蒋费共治 …………………………………………（74）

第五章　审时度势　调整战略……………………（81）
　　一、放弃北伐…………………………………（82）
　　二、东图兴庸…………………………………（87）
　　三、克捷兴势…………………………………（92）

第六章　坐镇涪城　策应各方……………………（96）
　　一、内迁涪城…………………………………（96）
　　二、衔持河右…………………………………（103）

第七章　病故绵左　魂栖西山……………………（108）
　　一、著作失传…………………………………（109）
　　二、衣冠墓冢…………………………………（110）
　　三、西山墓葬…………………………………（114）
　　四、遗物留芳…………………………………（132）

第八章　斌显克绍　罹难成都……………………（134）
　　一、镇守汉城…………………………………（134）
　　二、奉诏归降…………………………………（139）
　　三、兵乱遇害…………………………………（144）
　　四、后嗣佚名…………………………………（147）

第九章　历代推崇　千秋景仰……………………（153）
　　一、祠庙神位…………………………………（154）
　　二、评论诗文…………………………………（174）

蒋琬大事年表……………………………………（199）

参考文献…………………………………………（207）

第一章　荆南名士　归从刘备

蒋琬字公琰，汉末零陵郡湘乡县人。生活在汉室式微、天下大乱的动荡时代的蒋琬却能不废问学，追随明主，树立功勋德业于鼎峙之秋。

一、知名才俊

东汉朝局自灵帝以来陷入了宦官、外戚和官僚三大势力的反复争夺之中，中央王朝逐渐失去了对天下秩序的掌控，一时群雄并起，混战不休，军阀自立，割据一方。至献帝时，东汉已经名存实亡，汉室不过是军阀们争夺地盘、专权固位的招牌而已。

蒋琬就出生在这样一个动荡年代。由于魏晋文献的失载，蒋琬的籍贯、家世和生年皆不详，但在明清以来的湘、桂地方志书和蒋氏谱牒中，不仅出现了出生时间和显赫家世，而且产生了籍贯、故居的纷争。

（一）籍贯纷争

蒋琬是东汉荆州零陵郡湘乡县人，原本并无歧义。陈寿《三国志》对此有着明确的记载：

> 蒋琬字公琰、零陵湘乡人也。弱冠与外弟泉陵刘敏

俱知名。①

陈寿此载刻意把蒋琬与刘敏的籍贯区别开来，即蒋为湘乡人，刘为泉陵人。魏晋以来也没有出现过不同的说法，如祝穆《方舆胜览》、王象之《舆地纪胜》皆作湘乡人，或零陵湘乡人。②汉魏时，湘乡和泉陵皆隶属于零陵郡。可见，蒋琬为湘乡县人，原本并无争议。

宋人章定《名贤氏族言行类稿》和元人《氏族大全》等宋元姓氏文献皆以周公第三子伯龄为蒋氏始祖。③周公第三子伯龄封于蒋，即汝南郡之期思县，至宋时改为乐安县，其后世子孙以封地为氏。"乐安堂"也就成为后世众多蒋姓人家的文化标识之一。当然，宋元人对蒋氏渊源的追述，虽然把蒋琬排列其中，但并无籍贯争议问题。即便明清文献偶有误载，也只是与明朝定远侯蒋琬混同而已。明朝之蒋琬，江都人，泾国公蒋贵之义子，以军功累官太保兼太子太傅，详见《明史·蒋贵附琬传》。而雍正《陕西通志》将他混同于蜀汉之蒋琬，列为都督汉中军事，卒于延熙元年。④

蒋琬籍贯的歧义出现在明清时期的湘、桂地方史志和蒋氏谱牒中，其争议延续至今。近年来，湖南多个市县（区）和广西全州的文史工作者和蒋琬"裔孙"们，不时撰文，申说蒋琬为本县（区）人。这些文章在无法推翻陈寿所记籍贯的前提下，或者从解读零陵、湘乡郡县沿革变化的角度来论证蒋琬是今天哪个区县

---

① ［晋］陈寿：《三国志》卷四十四《蒋琬传》，中华书局，2013年，第1057页。

② ［宋］祝穆：《方舆胜览》卷二十三《潭州》和卷二十五《永州》分别作"湘乡人"和"零陵湘乡人"。王象之《舆地纪胜》卷五六《永州》作"零陵湘乡人"。

③ ［宋］章定：《名贤氏族言行类稿》卷三十九。［元］佚名：《氏族大全》卷十六，影印文渊阁《四库全书》本，台北商务印书馆，1986年。

④ 清雍正《陕西通志》卷二十，影印文渊阁《四库全书》本，台北商务印书馆，1986年。

的人，或者不再讨论籍贯而着力于蒋琬出生地的探寻。对于后者，有文章称，蒋琬出生地有五种说法，"涉及两省五市六区"①，其中零陵、全州最有影响。这使蒋琬籍贯问题变得复杂起来。

在这场至今未休的争论中，有一种比较特别的观点，认为蒋琬籍贯争议的产生，是因为陈寿《蒋琬传》记载太过简略，或者是因为陈寿的记载错误。在他们看来，如果陈寿记载的籍贯详至乡里村镇，即可避免后世的争议。实际上，陈寿关于蒋琬籍贯的记载并不是导致蒋琬籍贯之争的真正原因。首先，自司马迁《史记》以来，历代史书中的人物传，记载籍贯皆止于县，这几乎是传统史传普遍遵循的原则，仅有极个别的传记资料止于州郡，鲜有止至乡里者。这条史学原则一直延续到现在，今天我们在规范地介绍某人籍贯时仍然止于县（区）。当然，即使如论者所希望的那样，陈寿记载蒋琬籍贯详至乡里村镇，后世还是会出现争议，因为乡里村镇总是随着历史的演进而不断损益或更替，其名称和辖地也在不断地变化和调整，况且历史上绝大多数乡里村镇并没有存续至今天。如《绍兴十八年同年小录》备载当科进士乡贯，如状元王佐"本贯绍兴府山阴县禹会乡广陵里"②，可查今天山阴县所辖五乡镇，无宋时乡里之名。又如，据《元丰九域志》，宋时广都县辖有招携、木马、籍、丽江四镇，而今之双流除籍田外，别无存留。③即使存其名，也未必为原地。其次，陈寿的记载没有错误。仔细斟酌"蒋琬字公琰，零陵湘乡人也。弱冠与外弟泉陵刘敏俱知名"的记载，会发现陈寿不仅把蒋琬籍贯

---

① 吕国康、蒋政平：《蒋琬是从零陵古城走出的三国名臣》，《全国首届蒋琬文化学术研讨会论文集》（内部资料），第67页。

② [宋]佚名：《绍兴十八年同年小录》，影印文渊阁《四库全书》本，台北商务印书馆，1986年。

③ [宋]王存等：《元丰九域志》卷七《成都府路》，中华书局，2005年，第308页。

落实到湘乡,而且刻意把蒋琬的籍贯湘乡与刘敏的籍贯泉陵区别开来,毫无疑义。

蒋琬籍贯出现争议的主要原因:一是地方主义和家族主义的驱使,二是古今行政区划的分合和演变。

为本地争夺历史名人,为本氏争夺历史名人,古今皆然,今之激烈程度尤甚于古。一些明清地方志的编修者和谱牒编纂者并未对辖区内的历史名人详加考证,往往依据既往族谱和传说来记述历史名人,以致错误颇多。如康熙《零陵县志》虚构了蜀汉将军刘敏的祖、父分别为刘优和刘巴①,而魏晋史著《零陵先贤传》则载刘巴之祖、父为刘曜和刘祥②。有的方志编修者态度严谨,对于一些有歧义的记载有所考辨,而后世续修者却视而不见,甚至刻意曲解。如康熙《零陵县志》记述,西汉无湘乡县,东汉才析泉陵而置湘乡,却得出了东汉蒋琬为泉陵人的结论。蒋琬既为东汉末年人,为何一定要署西汉之泉陵,而不是东汉之湘乡?今之地方史志工作者或家族史记述者又依据本地明清地方志的记载来表彰和推介历史名人。如此,关于历史名人籍贯、故里、家世的不同记载就出现了。为了解决这些分歧,各地又依据地方历史文献或本地姓氏谱牒去论证历史名人为本地人,此乃名人籍贯争议之由来。

同时,姓氏谱牒编修者为提升本氏的荣誉感和凝聚力,追述和崇祀同姓历史名人为本地本氏的始祖或远祖,这是明清社会一个相当普遍的文化现象。为了证明谱牒所构建世系的可靠性,不得不寻找文献依据和实物证据。在文献方面的惯用手法就是伪托唐宋文化名人撰写谱序,而这些谱序既不见历代全文或总集,又不见历代文人本人的文集。在实物方面的固定模式是出土古碑,

---

① 清康熙《零陵县志》卷九,清康熙二十三年刻本。
② [晋]陈寿:《三国志》卷三十九《刘巴传》注引《零陵先贤传》,中华书局,2013年,第980页。

而这些碑刻的形制和文字皆非汉魏所有，且从不见历代金石文献著录，可后世族人却以此为据，纂修谱牒，建立宗祠，修建祖坟，举办祭祖活动等。被追祀的始祖或远祖自然而然地就给后人留下其为本地人氏的印象了，如光绪宁乡《蒋氏祠志》载：

> 我蒋氏自后汉大司马琬公著籍上湘，千百年以来，子姓迁徙，散布几半天下。今大江南北占籍者号称右族，溯其源则皆出自司马公，特支分派别久远而无征焉。①

"上湘"，当泛指湘江流域上游地区。蒋琬既然"著籍上湘"，那么湘江上游各州县皆可参与论证蒋琬为本州县人。

湘、桂奉蒋琬为始祖或远祖的蒋氏谱牒最多，但所载蒋琬前辈和后裔的情况相差很大，道林、曲靖、龙边、梅潭谱牒即各持一说，相互矛盾，如所载蒋琬夫人或姓毛氏，或姓周氏，或姓邓氏，又如蒋琬季子或名赟，或名贊，或名寊。如此，必然影响到谱牒信息的可信度。晚清民国时期的族谱编纂者为解决这个问题，普遍采取"合族通谱"的办法，即崇奉同一历史名人为远祖的各地同姓人士，聚集一起，合族修谱，确定字辈，祖先籍贯的争议、事迹的矛盾或可化于无形。光绪《蒋氏通谱》如此，咸丰《蜀北陈氏族谱》亦如此。川北苍溪、南部、阆中等陈氏俱奉北宋"陈氏四令公"为远祖，聚集研讨后联合编纂《蜀北陈氏族谱》，形成统一的字辈和一致的说法，连"陈氏四令公"的坟墓都摊分到各处。这种聚族修谱之法虽然可以避免族内分歧，但仍然无法达到以假乱真的对外效果。"陈氏四令公"聚葬于河南新

---

① ［清］蒋泽江等：《蒋氏祠志》卷二，上海图书馆收藏本。

郑宰相陈村的事实无法改变。①

二是古今行政区划总是在分合和演变之中，这就导致了一些历史地名和郡县辖区的歧义。第一种情况是"同名异地"，如汉末之汉寿县有二：其一在刘备入蜀初，即梓潼郡之葭萌县，刘备称帝后改为汉寿县，亦即后世之昭化县（今四川广元昭化）；其一在孙吴，即武陵郡之汉寿县（今湖南常德汉寿）②。第二种情况是"同地异名"，如汉魏之洮阳，即隋唐之湘源、五代之全州。第三种情况是"一地数分"，如秦之川北仅置阆中一县，汉代于其南分置安汉县、南充国县、西充国县，南朝再于其南分设南部县。第四种情况是"多地合一"，如元初成都府之金堂县就合并了其南的金水县和怀安州。凡此种种，都可能引发历史名人籍贯和故里的争议。

蒋琬籍贯之争属于第三种情况，即"一地数分"，以及零陵治所迁徙所造成的。蒋琬籍贯的争议在明代只存在于零陵与湘乡之间，明人周圣楷在《楚宝》中即说："郡县志者或辨琬墓在湘乡，或争琬为今零陵县人。"③但到清代，蒋琬之籍贯问题更加纷纭，正是由于这一区域在历史上陆续增置了泉陵、宁乡、祁阳等县，加之零陵郡治所曾设在全州咸水乡。从宏观上说，这些州县都有理由称蒋琬为本县人，其参与蒋琬籍贯之争都是无可厚非的。

其一，湘乡说。

就魏晋史实而言，蒋琬籍贯原本没有讨论的余地，陈寿"零陵湘乡人"的记载是正确的。明清四川地方志普遍采取陈寿《三国志》记载，如雍正《四川通志》、嘉庆《什邡县志》、同治《直

---

① 蔡东洲：《阆州陈氏研究》，天地出版社，1999年，第190—191页。
② [清] 赵翼：《陔余丛考》卷三十五《汉寿亭侯》，中华书局，1998年，第758—759页。
③ [明] 周圣楷：《楚宝》卷二《大臣》，明崇祯十四年刻本。

隶绵州志》、民国《双流县志》等皆以蒋琬为零陵湘乡人[1]，并无异辞。

但是，在明清湖南地方志中陈寿所载蒋琬是湘乡人并未得到普遍认同，而出现这一现象的原因则与湘乡等相关郡县的区划变化相关。清代《湘乡县志》把蒋琬故居确定在今湘乡市城关镇北正街，以加强蒋琬籍贯湘乡之说。此说早在宋代便有踪迹可寻。《元丰九域志》载，北宋潭州辖区内的古迹就有"蒋琬宅"。[2] 元代湘乡县城内仍有蒋琬故宅，元人傅若金在《送孔学文之湘乡州判》中便有"苔虚蒋琬宅，竹净褚公池"的诗句。[3] 另据康熙《湘乡县志》，蒋琬故宅被后世改作蒋公祠，祠外有一口水井，名伏虎井，相传是蒋琬少年时候亲手开凿的。道光年间，湘乡县典史袁宪健还在井侧刻立了"伏虎古井"的石碑。同治《湘乡县志》记载蒋琬为湘乡人时还特别说明："按《蜀志》，蒋琬零陵湘乡人，时湘乡仍属零陵也。"[4]

其二，零陵说。

在蒋琬籍贯诸说中，此说影响较大，可以说所谓泉陵说、祁阳说、祁东说、全州说都是零陵说衍生出来的。零陵县始置于秦朝，隶属长沙郡，汉武帝时升为零陵郡，下辖十个县级行政单位，到东汉增至十三个县级单位，即泉陵、零陵、湘乡、洮阳、营道、营浦、泠道、都梁、夫夷侯国、始安侯国、重安侯国、昭阳侯国、临烝侯国。据《元和郡县志》，隋灭陈后废零陵郡置永州，而一度改泉陵县为零陵县，并长期作为永州治所。如此一

---

[1] 清嘉庆《什邡县志》卷三十七，清嘉庆十八年刻本；同治《直隶绵州志》卷四十九，清同治十二年刻本；雍正《四川通志》卷六，影印文渊阁《四库全书》本，台北商务印书馆，1986年；民国《双流县志》卷二，民国十年修二十六年重刊本。

[2] [宋]王存：《元丰九域志》卷六《荆湖路》，影印文渊阁《四库全书》本，台北商务印书馆，1986年。

[3] [元]傅若金：《傅与砺诗集》卷七《送孔学文之湘乡州判》，影印文渊阁《四库全书》本，台北商务印书馆，1986年。

[4] 清同治《湘乡县志》卷一，清同治十三年刻本。

来，唐宋以后零陵、泉陵、永州便异名同地了。后世之《永州府志》《零陵县志》一直坚持蒋琬籍贯为零陵之说。据道光《永州府志》，当时永州府学内的"乡贤祠"崇祀着蒋琬、刘巴、黄盖三位三国人物。① 光绪《零陵县志》直接称，"蒋琬，零陵人"②。县志编修者用永州府城太平寺原系蒋琬之故宅来支持零陵说，反驳祁阳说。嘉庆《零陵县志》称：

> 在汉时祁阳本统为泉陵地，后乃分，但蒋琬既称泉陵人，即不应归祁阳。况郡城太平寺，旧东邱书院，原系琬之故宅，旧《府志》误编入祁，故辨正之。③

此段以祁阳县原统于泉陵县，汉以后才分置，所以蒋琬籍贯为泉陵，而不应归祁阳，并以太平寺、东邱书院为蒋琬故宅来巩固零陵说。今天此说的主张者还进一步把蒋琬出生地具体到了清代零陵县西乡石角，即今零陵区水口山镇西楼村。

其三，祁阳说。

此说的主要依据是明清以来的《祁阳县志》，而此说的由来也是行政区划的变化。祁阳本汉零陵郡泉陵县地，唐武德四年（621），析零陵县置祁阳县④，因县治在祁山之南，故名祁阳。由于祁阳县是由零陵县析置的，所以蒋琬籍贯"祁阳说"实由"零陵说"衍生出来。此说回避祁阳之析置问题，而着力于置县所分割的区域上，即所谓蒋琬故里砖塘乡划归祁县。清同治《祁阳县志》把"蒋琬故里"落实到祁阳砖塘烟合岭，并以"古碣"

---

① 清道光《永州府志》卷四，清道光八年刊本。
② 清光绪《零陵县志》卷十五，清光绪修民国补刊本。
③ 清嘉庆《零陵县志》卷八，清嘉庆二十二年刻本。
④ [宋]王象之著，李勇先校点：《舆地纪胜》卷五十六《永州》，四川大学出版社，2005年，第2119页。

证明之,云"查祁阳北隅砖塘烟合岭,系永昌县故址,遗迹犹存,有古碣镌'蒋琬故里'四字"。民国初年,还在祁阳砖塘乡出土了"汉丞相蒋琬故里"碑一方。当然这块碑并非三国故物,以此作为蒋琬为祁阳砖塘人的证据十分勉强。其称蒋琬为"汉丞相",此是唐宋以后的事情,因而此碑应该也是唐宋以后才刻立的。

相对清同治《祁阳县志》,民国《祁阳县志》的编修者相对理性一些。民国《祁阳县志》载:

> 《蜀志》,蒋琬湘乡人。旧《县志》皆云祁阳人。考西汉无湘乡。湘乡为承阳地。承水北为承阳,承水南皆泉陵,今祁阳地也。东汉分承阳、泉陵置湘乡,约有承阳之西南乡、泉陵之东北乡。琬与敏为外兄弟,敏泉陵人,琬必西汉之泉陵人,在东汉为湘乡人。《蜀志》自无讹误。[①]

这段考述是正确的。西汉无湘乡县,东汉割承阳之西南、泉陵之东北设置湘乡县,因而蒋琬与刘敏如在西汉都是泉陵人,而在东汉则蒋琬为湘乡人了。

20世纪50年代,在祁阳县东北部分析置祁东县,而砖塘乡随之改属祁东县,遂有蒋琬为祁东人之说。

其四,全州说。

此说既有当地蒋氏的推动,又有史迹可循。此说是以蒋琬为零陵人为前提的。零陵置县于秦朝,到汉武帝时升为郡,其最初的郡治就设在今广西全州境内咸水乡。不过,东汉初年就移郡治于泉陵(今湖南永州零陵)了。可见,全州地域在较长时期内都

[①] 民国《祁阳县志》卷七,民国二十年刻本。

在零陵郡境内,全州蒋氏也十分自然地与蒋琬相关联。咸丰年间,四川茶盐道员蒋琦淳在其《谒祠墓诗并序》中说:"琦淳家世全州,为侯裔。侯二子斌、显死国难,季子赟奉夫人毛还湘中,居洮阳之石龙潭,今全州梅潭也。夫人卒,葬洮阳,今墓前犹存翁仲一,土人因名将军町。"①这里并没有直接说蒋琬籍贯全州,只是通过蒋夫人及其季子赟迁居梅潭来证明后世全州蒋氏是蒋琬的后裔。

据光绪《梅潭蒋氏世谱》,蒋琬夫人毛氏和季子赟在蜀汉覆亡后回归故里,并在洮阳石龙潭(清代全州梅潭)定居下来。终老于此,安葬于此。此处的蒋氏族人便是蒋琬季子的裔孙。至于毛氏夫人及其子孙为何要徙居全州,蒋满在《石龙潭碑志》中给出了理由:"汉有讳琬者,事蜀,因置产于零陵之湘源。"按照这个说法,蒋琬仕蜀后在湘源县置有产业,故蜀亡后其夫人携子孙迁居于此。

面对湘源县究竟是不是陈寿所载湘乡县的问题,全州蒋氏竟然认为湘乡县是由湘源县改名而来。《梅潭蒋氏世谱》引明朝大学士蒋冕《蒋氏宗谱序》云:"考后汉郡国志,湘源、零陵,汉永建三年更名湘乡。"民初零陵县知事赵开勋《蒋氏族谱赠序》完全沿袭此说,称"零陵自永建三年更名湘乡,故陈寿称为湘乡"。改"湘源"或"零陵"为"湘乡"的记载,实际上源于蒋冕和赵开勋对马司彪《郡国志》此条记载的误读误解。此条原文如下:

　　零陵郡(武帝置,洛阳南三千三百里),十三城,户二十一万二千二百八十四,口百万一千五百七十八。

---

① 民国《绵阳县志》卷一,《四川历代方志集成》本,国家图书馆出版社,2015年,第504页。

>泉陵、零陵阳朔山，湘水出。营道南有九疑山。营浦、泠道、洮阳、都梁有路山。夫夷侯国（故属长沙）。始安侯国。重安侯国，故钟武，永建三年更名。湘乡、昭阳侯国。烝阳侯国，故属长沙。①

这一整段文字完全没有湘源或零陵更名为湘乡的意思。前面所记七县当原属零陵郡，故而仅录其县名和山水。后面所记一县五侯国意在说明其归属之变更，即原属长沙郡，现改属零陵郡。其中特别注明"重安侯国"原名"钟武"，永建三年（128）才更名"重安"。正因为是"重安侯国"的说明文字，中华书局的点校本特就"故钟武，永建三年更名"九字，相对正文进行变字体、字号的排印。可见，蒋冕等人误解了钟武侯国于永建三年更名重安侯国的史实，把"湘乡"上属于"永建三年更名"了。既然零陵改湘乡之说源于对司马彪《郡国志》相关记载的误解，那么以此为依据的说法也就不成立了。

其实，对于蒋琬为全州人，蒋冕作为一位严肃的学者并未肯定，其撰写的相关记、序中称，"今湘源之蒋，皆相传以为出自蜀丞相安阳侯琬之裔"②，"相传出自汉大司马琬之裔"③。强调"相传"，足以体现其严谨性。清代以来方志和族谱编修者承袭其说，却有意或无意地忽略其"相传"之意，以支持全州之说。当今主张此说者还进一步把蒋琬出生地具体到了全州梅潭后山一个叫上改州的地方。④ 当然，如此处理也是有依据的。明人蒋署在

---

① ［晋］司马彪：《后汉书》志第二十二《郡国四》，中华书局，2013年，第3482—3483页。
② ［明］蒋冕著，唐振真等点校：《湘皋集》卷十五。广西人民出版社，2001年，第150页。
③ ［明］蒋冕著，唐振真等点校：《湘皋集》卷十八，广西人民出版社，2001年，第191页。
④ 蒋咸喜：《三国蜀汉贤相故里考证》，《全国首届蒋琬文化学术研讨会论文集》（内部资料），第79页。

《竹塘遗稿》中说:"蜀汉丞相公琰本湘乡人,而湘乡实零陵郡属。吾家之南今呼改州者,其故地也。"此改州即今之上改州。

在全州民间还有一种说法认为,《三国志》"零陵湘乡"不是指郡县,而是泛指零陵郡所辖的湘江上游地区。① 如此,地处湘江上游的全州即是"零陵湘乡"了,并举明代蒋淦所撰《零陵湘乡在全郡殊名同地》和蒋冕所撰《蒋氏宗谱序》来证明零陵和湘乡原本就是一个地方,即湘江上游地区。

其五,阳羡说。

北宋嘉祐二年(1057),常州宜兴(今江苏宜兴)蒋之奇与苏东坡为同年进士。宜兴,汉代县名阳羡。苏东坡在送别这位同年荣归故里时作诗道:"裔出钟山远,源流涺水赊。江南无二蒋,尽是九侯家。"后世蒋氏对此诗进行了史实性解读,认为江南蒋氏仅此一家,即蒋琬后裔。此即蒋琬籍贯阳羡说之源头。伪托蒋之奇所纂《蒋氏龙边原谱》称,江南蒋氏出自阳羡,始祖为凶亭侯蒋澄,澄公之第三子为休公,传至五十七世昕公,字彦光,便是蒋琬的父亲。蒋之奇乃北宋名臣,常州阳羡人,官翰林学士、知枢密院事,《宋史》有传,著述丰富。不过,现存历史文献中没有蒋之奇编纂此谱的蛛丝马迹。此谱还明确记载,蒋琬,阳羡人。其父蒋昕,泰始初年(265)携妻子迁居零陵湘乡,"命筑安乐府于湘州零陵,公遂居焉",故史家遂称其子琬为零陵湘乡人。然蒋昕携子琬在西晋泰始初年迁居湘州零陵时,蒋琬已去世二十多年了!

历史上的湘乡当然不同于今天的湘乡,蒋琬籍贯和故里在各地的纷争多少带有地方主义和家族主义的色彩,但无论蒋琬是今天哪个省市县区的人,都不影响其在历史上的声誉和地位,相

---

① 吕朝晖:《此湘乡非彼湘乡——成都武侯祠和〈辞海〉中的蒋琬籍贯指误》(内部资料),1997年12月。

反,这是其深远社会影响力延展的集中体现。关于蒋琬早年的情况,陈寿在《三国志》中仅此一句:"弱冠与外弟泉陵刘敏俱知名。"①可以肯定,年轻时的蒋琬是以其才情闻名当地的。

(二)家世不明

关于蒋琬的家世,魏晋历史文献没有存留任何信息。魏晋时期最重家世背景,以致陈寿在《三国志》中对多数名臣的家庭背景皆有记载,其家世显赫者更是追述三代或更远。

表1-1 蜀汉名臣家世一览表

姓名	远祖	祖	父	备注
诸葛亮	丰:西汉司隶校尉		珪:太山郡丞	从父玄为豫章太守
马超			腾:征西将军	
刘琰				汉室宗族
法正		真:清节高名	衍:司徒掾、廷尉左监	
董允			和:署左将军大司马府事	
来敏			艳:司空	
邓芝	禹:东汉司徒			
张翼	曾祖浩:司空	纲:广陵太守		
费祎				族叔伯仁与刘璋为表兄弟
费观				刘璋之姻亲
吴班				大将军何进官属吴匡之子
刘巴		曜:苍梧太守	祥:江夏太守	

---

① [晋]陈寿:《三国志》卷四十四《蒋琬传》,中华书局,2013年,第1057页。

续表

姓名	远祖	祖	父	备注
陈祗				司徒许靖外孙
吕乂			常：送故将军刘焉入蜀，遂定居于蜀	
董允			和：掌军中郎将	
李福			权：临邛长	《益部耆旧杂记》
周群			舒："名亚董扶、任安"	
孟光	郁：东汉太尉			
郤正		俭：益州刺史	揖：营都督	
李譔			仁：游学荆州，从司马徽学	
谯周			并："州就假师友从事"	

据此表，陈寿于蜀汉名臣，凡家世显赫者皆记载之，有追述其远祖者，如诸葛亮、邓芝、张翼、孟光等；有记叙其祖父者，如法正、刘巴、郤正等；而更多的是记述其父亲者，或位处高官，或学问知名；还有记载其"特殊关系"的，如刘璋之亲戚。陈寿既然不载蒋琬之先辈的名讳和事迹，就意味着蒋琬之先辈并非闻人，可以推定其没有一官半职，更谈不上地位显赫。当然，这并不影响蒋琬作为蜀汉名臣的历史地位。

但是，清代以来，蒋琬的家世不仅清楚了然，而且十分显赫，这集中反映在湘、桂各地纂修的蒋氏谱牒中。明大学士蒋冕首开追述蒋琬家世之先河。蒋冕年轻时寄学于大学士邱濬家。时邱濬按欧阳修建立的修谱体例，编撰《邱氏之谱》。蒋冕便"仿其义例，著本宗谱图"①，即仿照《邱氏之谱》绘制了《蒋氏宗谱图》。作为明代著名文臣，蒋冕对追述远祖比较谨慎，声言蒋氏"十一世以上，世远代移，谱乘失传，莫究其详"②，遂从第十二世开始绘制蒋氏谱图，只是在十一世前开列从汉宣帝时上党令蒋满以来的蒋氏名人。其追述蒋琬云："蒋琬，弱冠知名，随先主入蜀，除广都长……公琰，琬字也。亮卒，琬为尚书令，封安阳亭侯，加大司马，卒谥恭。"③ 这段关于蒋琬的文字摘编自《三国志·蒋琬传》，并无新异之处，却埋下了后世多种蒋氏谱牒编纂者追崇蒋琬为远祖或始祖的种子。清朝道光十二年（1832）纂修、光绪三十三年（1907）续修的《梅潭蒋氏世谱》，直接把蒋琬等历代显名人物纳入蒋氏谱图，以周公第三子期思侯伯龄为始祖，蒋琬为第五十八世，而第五十四世蒋晋、第五十五世蒋佩、第五十六世蒋镦、第五十七世蒋昕就成为蒋琬的高祖、曾祖、祖、父了。

由于最初湘、桂各地自编的本族聚居地的蒋氏族谱对蒋氏远祖或始祖的名讳、事迹的记述很不一致，民国时编纂的《蒋氏通谱》就将自周秦以下五十三世名讳、事迹统一起来。第五十四世为蒋晋。第五十五世为蒋佩，官至刺史。第五十六世为蒋镦，官至司隶校尉。第五十七世为蒋昕，官至太守。第五十八世便是蜀汉丞相蒋琬了。如此，蒋琬之先辈不仅俱有一官半职，而且官至太守、刺史、司隶校尉，可谓名讳清楚、官位高显。然而这些名讳清楚、官位高显的蒋琬先辈在汉魏历史文献中得不到证实。更有意思的是，《蒋氏通谱》还确定蒋氏并非世居该地，而是"戍

---

① [明]蒋冕著，唐振真等点校：《湘皋集》卷十五，广西人民出版社，2001年，第151页。
② [明]蒋冕著，唐振真等点校：《湘皋集》卷十八，广西人民出版社，2001年，第191页。
③ [明]蒋冕著，唐振真等点校：《湘皋集》卷十五，广西人民出版社，2001年，第147页。

户成籍",把蒋琬家族描绘为"成户"豪门,从而打上了明清湘西治理的烙印。

当然,名为"通谱",实际上无法把湘、桂蒋氏人家完全纳入,而在另外一些族谱中蒋琬的家世又变成了"寒门",颇有点魏晋历史踪影。在湘乡的历史传说中,蒋琬自幼丧父,家道清寒,奉母居住在湘乡新铺乡白银村,为了给母亲还愿而舍宅修建报恩寺,寺址即系蒋琬祖居地。虽然出身贫寒和家世显赫都无历史文献支撑,但出身贫寒之说似乎更接近历史事实,似乎是对《三国志》无蒋琬家世记载的合理注解。

(三)生年难定

蒋琬出生时间,《三国志》和《华阳国志》等魏晋历史文献没有记载,这不能不说是研究蒋琬生平事迹中的一大难题,而且还是无法解决的难题。因而,三国历史研究论著无不以问号的形式来表现蒋琬之生年,如郑天挺等《中国历史大辞典》[1],吴海林、李延沛《中国历史人物生卒年表》[2]。有的著作则予以合理的推定,如贾大全、陈世松主编的《四川通史》在无法确定蒋琬的生年时,姑作蒋琬(188?—246)[3],即生于灵帝中平五年(188)。

《四川通史·秦汉三国》的作者罗开玉先生对蒋琬生年的推定具有合理性。《三国志·蒋琬传》载,"弱冠与外弟泉陵刘敏俱知名。琬以州书佐随先主入蜀"。这里提供了两个时间坐标:一是"弱冠",即二十岁;二是随刘备入蜀,为建安十七年(212)。

---

[1] 郑天挺等:《中国历史大辞典》,上海古籍出版社,2000年,第2848页。
[2] 吴海林、李延沛:《中国历史人物生卒年表》,黑龙江人民出版社,1981年,第39页。
[3] 罗开玉:《秦汉三国》,贾大全、陈世松主编《四川通史》卷二,四川人民出版社,2010年,第183页。

前后相续，则知蒋琬在二十多岁跟随刘备入蜀，到延熙九年（246）去世，在蜀地生活了三十多年。根据"赤壁之战"后荆州的局势，可以大致推定蒋琬是在刘备收服荆南四郡，或诸葛亮临烝（今湖南衡阳）征税时，归从刘备的，即建安十四年（209）。此时的蒋琬已过"弱冠"，而又远未至"而立"，确定为二十二三岁相对合理，则其去世时五十八九岁。

可个别学者和蒋氏族人试图填补蒋琬生平中这个缺陷，几乎所有奉蒋琬为远祖或始祖的蒋氏谱牒，都以其生年为献帝初平四年（193）。[①]据《梅潭蒋氏世谱》，蒋琬"生于东汉献帝初平四年癸酉，卒于后汉延熙九年丙寅，谥曰恭，葬四川涪县"。如此，则蒋琬终年五十四岁。蒋志在《蜀汉名臣蒋琬》一文中采信了这个说法。可蒋琬在建安十四年（209）刘备南征四郡后为荆州书佐，此前已是年逾"弱冠"的零陵知名之士。若按照这个说法逆推，蒋琬归从刘备时才十五六岁。这就违背了"弱冠"后再归刘备的时序，因而此说不可信从。如果再按照另外一些族谱所记载的蒋琬生年，那就不是可不可信的问题了，简直就是荒唐可笑。署名为蒋之奇编纂的《龙边原谱》称，蒋琬之父蒋昕从老家阳羡西迁湘州时至少已经八十九岁，四年后才去世。而《蒋氏通谱》却载其父蒋昕享年只有八十二岁，比《龙边原谱》所载小十一岁；并称蒋昕西晋泰始初年（265）才迁居湘州零陵并生蒋琬，可蒋琬早在后主延熙九年（246）就去世了。

（四）问学师友

关于蒋琬早年的学习生活，《三国志·蒋琬传》没有记述，只有一句结论："弱冠与外弟泉陵刘敏俱知名。"至于其师友为

[①] 蒋志：《蒋琬文化及其现代价值》，《全国首届蒋琬文化学术研讨会论文集》（内部资料），第 26 页。

谁、问学内容、进学方式等,皆不得而知。

清代地方志和《蒋氏通谱》丰富了蒋琬年轻时代的学习生活。雍正《江西通志》中记载蒋琬的老师为汉末名儒张遐。

> 汉张遐生四岁,母病思鱼,遐以手弄钱,鬻鱼奉母,时称孝童。十三,从叔父噩谒徐穉,舟泊蓣湖亭下。明日,五舟同发,遐为大鼋负舟,又二长鼋绕其舵舟独却,前四舟皆遭风坏,遐以后免,穉异之。十九,师杨震。震每以所授覆之,发其意所未及,语人曰:"张遐年未二十,积学至此,讵可量哉!当为天下儒宗。"后诸葛瞻、杨机、蒋琬、陆逊、郭洵辈皆其门人。著《吴越春秋外记》。①

据此,张遐是深得东汉名儒杨震赞赏的积学之士,蒋琬与诸葛瞻、陆逊等蜀、吴名人共同的老师,而这几位蜀、吴风云人物自然就是同门师兄弟了。惟此条记载在其他历史文献中未得到佐证。诸葛瞻、蒋琬、陆逊在《三国志》中皆有传记,却无一提及此事。相反,《三国志·诸葛亮传》证明,其子诸葛瞻不可能到巴蜀之外去延请老师。建兴十二年(234),诸葛亮在北伐中与其兄诸葛瑾的信中说:"瞻今已八岁,聪慧可爱,嫌其早成,恐不为重器耳。"② 依此逆推,诸葛瞻生于建兴五年(227),即生在诸葛亮入蜀后的第十三个年头,且一直在成都养育,不曾出蜀游学。

蒋琬真实可知的学友可能只有其表弟刘敏和潘濬。刘敏事迹

---

① 清雍正《江西通志》卷一百六十二《杂记》,影印文渊阁《四库全书》本,台北商务印书馆,1986年。
② [晋]陈寿:《三国志》卷三十五《诸葛亮传》,中华书局,2013年,第932页。

附载于《三国志·蒋琬传》中：

> 刘敏，左护军、扬威将军，与镇北大将军王平俱镇汉中。魏遣大将军曹爽袭蜀时，议者或谓但可守城，不出拒敌，必自引退。敏以为男女布野，农谷栖亩，若听敌入，则大事去矣。遂帅所领与平据兴势，多张旗帜，弥亘百余里。会大将军费祎从成都至，魏军即退。敏以功封云亭侯。①

由此可知，刘敏并非等闲之辈。他早年与蒋琬齐名，且与蒋琬一同随刘备入蜀，后因战功升任将军，以左护军、扬威将军的身份与王平驻守汉中。其一生中的高光时刻出现在"兴势之役"。建兴八年（230），曹魏大将军曹爽进攻汉中。汉中诸将主张守城待援。刘敏认为若如此，则百姓遭掳掠，生产遭破坏，汉中将变成一座空城，遂与王平出兵，与魏军对抗于兴势。时逢费祎率援军赶到，曹军撤退北还。刘敏因此功而封云亭侯。可见，刘敏在蜀汉因战功拜将封侯，却没有他早年与蒋琬问学于谁，得到何人的提点等任何信息。

值得一提的是，康熙《零陵县志》不仅丰富了刘敏的生平事迹，称其在"兴势之役"后"加中书侍郎，拜成都尹，政行化洽"，而且增添了刘敏先辈之名讳和官职，其祖刘优，官至尚书仆射，封云亭侯。其父刘巴，官至尚书令。② 对照《三国志》，历史上并无刘优其人，而刘巴的祖父刘曜为苍梧太守，父亲刘祥

---

① ［晋］陈寿：《三国志》卷四十四《蒋琬传》，中华书局，2013年，第1060页。
② 清康熙：《零陵县志》卷六，清康熙二十三年刻本。

为江夏太守、荡寇将军。① 总之，刘巴与刘敏没有任何关系。

蒋琬的另一位表弟潘濬（字承明），早年比蒋琬和刘敏名气更大，在蜀汉和孙吴的历史上都留有痕迹。② 陈寿在《三国志》中为之立传。杨戏在《季汉辅臣赞》中亦赞及。③ 潘濬早年因得到名士王粲的赏识而知名。刘备收江南四郡时，潘濬已是湘乡令了。刘备入蜀，潘濬留任荆州治州从事。关羽失荆州，孙权亲临居舍招抚潘濬，并拜将军，后进封刘阳侯。潘濬在治理荆州方面功劳尤著；五溪蛮夷叛乱，更是假节督率诸军前往征讨。

刘备收服荆南四郡时，潘濬名位在蒋琬和刘敏之上，故归隶刘备后即升任荆州官员，而蒋琬和刘敏始以名士进入仕途。《三国志·潘濬传》载：

> 时濬姨兄零陵蒋琬为蜀大将军，或有间濬于武陵太守卫旌者，云濬遣密使与琬相闻，欲有自托之计。旌以启权，权曰："承明不为此也。"即封旌表以示于濬，而召旌还，免官。④

由此可知，蒋琬与潘濬为表兄弟，分别为蜀汉和孙吴的军政要员，以致有人利用这层关系离间孙权对潘濬的信用，而孙权并未听信，反而罢免了奏报此事的武陵太守卫旌。

在汉魏社会，得到名士指教和提点的士人即可成为一方名士。潘濬以得到名士王粲的赏识而知名，蒋琬和刘敏也当得到过

---

① ［晋］陈寿：《三国志》卷三十九《刘巴传》注引《零陵先贤传》，中华书局，2013年，第980页。
② 孙启祥：《蜀道三国史研究》，巴蜀书社，2017年，第291–292页。
③ ［晋］陈寿：《三国志》卷四十五《杨戏传》，中华书局，2013年，第1090页。
④ ［晋］陈寿：《三国志》卷六十一《潘濬传》注引《江表传》，中华书局，2013年，第1399页。

名士的指教和提点，遂成为当地名士，唯不知名士为谁耳。

二、归随先主

蒋琬是何时成为荆州书佐的，历史文献没有记载，当代学者没有研究，但这是研究蒋琬不当绕越的问题，因为这是他一生功业的起点。

根据"赤壁之战"前后情况分析，蒋琬为荆州书佐可能在两个时段：刘表为荆州牧之末年和刘琦、刘备为荆州牧之始年。第一时段的可能性不大。刘表末年即赤壁之战发生之年，荆州士人多归刘备。据《三国志·刘巴传》，"曹公征荆州，先主奔江南，荆、楚群士从之如云"[①]。此时蒋琬之名气还难达于荆北地区，不大可能与众多荆楚之士一道跟随刘备。第二时段极具可能性。"赤壁之战"后，曹军北还，刘备等推举刘琦为荆州牧，同时以刘琦的名义举兵收服荆南四郡。其间刘琦突然病故，刘备遂为荆州牧。历史文献多将刘备收服四郡系于建安十二年（207），实际上当在次年，曹军北撤时已是冬天，而刘备南征必在曹军北撤之后。故梁章钜《诸葛亮年表》系于建安十四年（209）。[②] 蒋琬归从刘备最为合理的时间当在刘备南征四郡之时。《三国志·先主传》载：

> 先主表琦为荆州刺史，又南征四郡。武陵太守金旋、长沙太守韩玄、桂阳太守赵范、零陵太守刘度皆降。庐江雷绪率部曲数万口稽颡。琦病死，群下推先主

[①] ［晋］陈寿：《三国志》卷三十九《刘巴传》，中华书局，2013年，第980页。

[②] ［清］梁章钜：《三国志旁证》附亮年表，《八闽文献丛刊》本，福建人民出版社，2000年。

为荆州牧，治公安。①

当时曹操败还中原，曹仁与周瑜对峙江北地区。刘备便乘机上表推举刘琦为荆州牧，率赵云等收服荆南之长沙、武陵（治今湖南常德）、桂阳（治今湖南郴州）、零陵（治今湖南零陵）四郡。

此四郡原本属于刘表所领之荆州，在赤壁之战中四郡官员又接受了曹操的任命。刘表长子刘琦继为荆州牧，刘备以刘琦的名义收服四郡情势颇顺，没有遇到太多的反抗，只有武陵太守金旋以武力抵抗，结果为刘备劫杀。②刘琦突然病故，刘备遂自领荆州牧。蒋琬或在此时跟随北回公安的刘备为荆州书佐。

蒋琬归从刘备还有一种可能，即在诸葛亮督收江南赋税时。刘备收服四郡后的荆州已是一分为三：北部为曹操据守，治宛城（今河南南阳）；南部为刘备占据，治公安（今湖北公安）；东部为孙权所有，治江陵（今湖北荆州）。不过，按照孙吴方面的说法，刘备在荆州的这块地盘是从孙权那里借来的。

> 周瑜为南郡太守，分南岸地以给备。备别立营于油江口，改名为公安。刘表吏士见从北军，多叛来投备。备以瑜所给地少，不足以安民，后（复）从权借荆州数郡。③

这是"借荆州之说"的原始出处。当然，这个说法并没有得

---

① ［晋］陈寿：《三国志》卷三十二《先主传》，中华书局，2013年，第879页。

② ［晋］陈寿：《三国志》卷三十二《先主传》注引《三辅决录注》，中华书局，2013年，第880页。

③ ［晋］陈寿：《三国志》卷三十二《先主传》注引《江表传》，中华书局，2013年，第879页。

到后世史学家的普遍认同，如清代赵翼有《借荆州之非》，认为"借荆州之说，出自吴人事后之论"①。事实上，荆州不存在借与还的问题，因为战前之荆州是属于刘表，而不属于孙权。战中荆州南北诸郡（包括荆南四郡）普遍接受了曹操所授官职，以致战后刘备需要重新收服江南四郡。

无论是"借"还是"取"，刘备收服荆南四郡的成效是十分显著的。

首先，从此一改长期寄人篱下的状态，拥有一块自己的地盘，据之可东御孙吴，北拒曹操，西取刘璋，从而奠定了三国鼎立的重要基础。

其次，充实了军储和兵源，从而增加了争雄天下的本钱。

> 曹公败于赤壁，引军归邺。先主遂收江南，以亮为军师中郎将，使督零陵、桂阳、长沙三郡，调其赋税，以充军实。②

再次，收用了不少谋臣战将，充实了刘备集团中的荆楚团队。

表1-2 蜀汉荆南四郡杰出人才一览表

姓名	籍贯	累官	封爵	备注
蒋琬	湘乡	大将军、大司马	安阳侯	
刘敏	泉陵	左护军、扬威将军	云亭侯	
刘巴	临烝	尚书令		本归曹操，后滞留蜀地，被迫仕蜀

---

① [清]赵翼著，王树民校证：《二史札记》卷七《借荆州之非》，中华书局，1984年，第138—140页。
② [晋]陈寿：《三国志》卷三十五《诸葛亮传》，中华书局，2013年，第915—916页。

续表

姓名	籍贯	累官	封爵	备注
廖立	临沅	巴郡太守、长水都尉		
黄忠	南阳	后将军	关内侯	南阳人，刘备攻打长沙时归顺
潘濬	汉寿	蜀荆州治中从事 吴奋威将军、假节	浏阳侯	以湘乡令归刘备，关羽失荆州而入吴

刘备从四郡收罗的人才见诸《三国志》者皆为蜀汉名臣，既有黄忠那样的武将，也有蒋琬那样的文臣，除刘巴因滞留成都而迫不得已归顺刘备外，其余多是在收服荆南四郡时自愿归从刘备的。

刘备收服荆南四郡后，立即派遣军师、中郎将诸葛亮到零陵、桂阳、长沙三郡督理税收工作。诸葛亮遂南巡荆南三郡，还在临烝（今湖南衡阳）劝说刘巴归顺刘备。[①] 可见，诸葛亮此行除征税外，还在为刘备收罗人才。蒋琬完全有可能跟随诸葛亮到公安为荆州书佐。蒋琬为广都长时诸葛亮那番"社稷之器，非百里之才"的评价，显示其此前即对蒋琬十分了解。或许诸葛亮就是从督理三郡税收时开始关注蒋琬的。

虽然蒋琬归从刘备后的起点不高，仅为荆州衙署里的一般文员，远不及其表弟潘濬，可他得到了诸葛亮的赏识，此亦为其后来成长为一代执政名臣的良好开端。

---

① ［晋］陈寿：《三国志》卷三十九《刘巴传》引《零陵先贤传》，中华书局，2013年，第981页。

第二章　效力蜀汉　主政广都

建安十九年（214）夏，刘备占领成都，取代刘璋为益州牧，重新安置巴蜀各郡县军政官长，并按照诸葛亮"严以治乱"的政治理念，加强了地方行政管理。蒋琬被委任为广都长。

一、出任广都

广都，又作都广。据龚煦春《四川郡县志》，汉魏之广都辖民国时双流、华阳、仁寿等县地，县治在今双流中兴场古城坝。[1]《山海经·海内经》有"都广之野"的记载，童恩正认为，"都广即是广都，今四川双流县。"[2]

广都县创设于汉武帝元朔二年（前127）。在一些研究论著中也有创建于秦朝之说，其依据是《华阳国志》中一条关于李冰的记载："又识察水脉，穿广都盐井诸陂池，蜀于是盛有养生之饶焉。"[3] 实际上，这是常璩借广都之名记载这一区域有李冰开凿的盐井，似乎无法证明秦朝李冰为蜀郡太守时就设置有广都

---

[1]　龚煦春：《四川郡县志》卷一《两汉蜀汉疆域沿革考》，成都古籍书店，1983年，第5页。

[2]　童恩正：《古代的巴蜀》，四川人民出版社，1979年，第63页。

[3]　［晋］常璩撰，刘琳校注：《华阳国志》卷三《蜀志》，成都时代出版社，2007年，第107页。

县。更重要的是，常璩在同卷即明确："广都县，（蜀）郡西三十里，元朔二年置，有盐井、渔田之饶。"① 至于增设广都县的缘由，汉晋文献均无记载。

中国古代设置郡县的一般条件，即或具有历史依据，或处政治要地，或社会经济发达，或有值得纪念的人事。广都具备这些设置条件，它既是成都平原社会经济发达区域，又地处与西南民族散居地相接的前沿地带；而作为古蜀国三都之一的广都自然具有历史积淀，且有值得纪念的古蜀瞿上城。

汉晋之广都县城在今成都双流区中和场一带。在广都县存在的七百余年间，县城有过几次变迁，由此在历史文献中出现了三个广都治所。

> 广都故城在（华阳）县东南。《蜀本纪》：蜀王本治广都之樊乡，后徙成都。汉置（广都）县，属蜀郡。《华阳国志》：（广都）县以元朔二年置，在郡南三十里。蜀号三都，成都、新都、广都是也。王莽改为就都亭。后汉复故。晋永和中，分县界置宁蜀郡，领广汉、广都、升迁、西乡四县。宋以后因之。周废宁蜀郡。隋仁寿元年改县曰双流，而此遂废。章怀太子曰：广都故城在成都县东南。唐又别置广都县。《明一统志》：广都废县在府南四十五里，汉广都城在其东北十五里，又有晋广都城在其北十三里。②

这是雍正《四川通志》依据《明一统志》对三个"广都城"

---

① ［晋］常璩撰，刘琳校注：《华阳国志》卷三《蜀志》，成都时代出版社，2007年，第127页。
② 清雍正《四川通志》卷二十六，影印文渊阁《四库全书》本，台北商务印书馆，1986年。

的简明梳理。不过，《钦定大清一统志》并不赞成三个广都城的说法，并质疑："《明统志》谓汉城在唐县北十五里，晋城在县北十三里。未知何据？"[1] 其认为广都故城只有两个：一在华阳县东南，汉置县，属蜀郡；一在双流县东南，唐析置，属成都府。对唐置广都县址还进行了一番考证。

  《元和志》：广都县，北至成都府四十五里，龙朔二年长史乔师望重奏置。《寰宇记》：唐析双流县置广都县于旧县南十二里。《续通典》：唐广都县置于汉故县西南十二里。《旧志》：唐故城在双流县东南七里。按《隋志》《元和志》俱谓双流，即汉广都。据章怀太子《注》，参考《岑彭吴汉传》，汉县当在府东南江北岸，但不知徙置在何时耳。《寰宇记》、宋白《续通典》，谓唐县在汉县南十余里，则汉县又当在今双流县界。[2]

隋文帝仁寿元年（601），为避太子杨广之讳，广都更为双流，取左思《蜀都赋》"带二江之双流"为名。唐高宗龙朔二年（662），析双流县再置广都县。元朝初年，广都被分割并入双流、华阳、仁寿。从此，广都之名废弃不用，而双流之名则袭用至今。可见，历史上只有汉之广都和唐之广都的区别，而无晋之广都。隋之双流由广都更名而来，唐之广都由双流分析而置。

汉武帝时创设广都县推动了这一区域社会经济的快速发展，到公孙述统治时期，广都已成为成都平原南部的中心城市。

东汉初年，吴汉率汉军取蜀，占领武阳（今四川彭山）时，

---

[1]《钦定大清一统志》卷二百九十二，影印文渊阁《四库全书》本，台北商务印书馆，1986年。

[2]《钦定大清一统志》卷二百九十二，影印文渊阁《四库全书》本，台北商务印书馆，1986年。

收到光武帝诏令："直取广都，据其心腹。"[①] 吴汉进拔广都，并据之为基地，同公孙述在广都与成都之间进行长达一年多的攻守战，最终灭掉了成家政权。这场战争使成都平原社会经济遭到严重破坏，作为双方争夺的重镇广都受祸尤其惨重，直到汉安帝时才恢复元气，逐渐成为繁剧之地。时任太傅桓焉正是因其繁剧难治，特举荐名士韦义为广都长。韦义成为见诸现存历史文献的第一位广都长，其"政甚有绩，官曹无事，牢狱空虚"，"广都为立生庙"。[②]

以绍续汉统自诩的刘备对于广都的政治、历史地位自然清楚明了，对其长官的选任必然重视。早在荆州就已知名并在州署历练多年的蒋琬被任命为蜀汉首任"广都长"。

蒋琬称"广都长"而不称"广都令"，是因为秦汉之县级长官称"长"还是称"令"有所区别。秦汉时"令"和"长"都是县级长官的称谓，其职权一致，即代表朝廷全面负责治理本县。但县有大小之分，而以户口数为区别标准：万户以上的县，其长官称"令"，秩千石至六百石；不满万户的县，其长官称"长"，秩五百石至三百石。后世不再加以区别，统称之为县令或知县。当然，即使在汉魏时期，"长"和"令"的地位和待遇也未必依制度规定来严格区分，如蒋琬为"广都长"，而罢免后重新起用却为"什邡令"；王连为"什邡令"，而调任广都又称"长"。不过，当时广都县户口数可能真的未满万户。正因如此，广都才被蜀汉官方确定为移民安置地。建兴十四年（236），后主徙武都氐王苻健及氐民四百余户于广都。[③]

---

① ［宋］郭允蹈撰，赵炳清校注：《蜀鉴》卷一，国家图书馆出版社，2010年，第32页。
② ［南朝·宋］范晔：《后汉书》卷二十六《韦彪传附义》，中华书局，2013年，第921页。
③ ［晋］陈寿：《三国志》卷三十三《后主传》，中华书局，2013年，第897页。

第二章　效力蜀汉　主政广都

对于刘备来说，广都是一个具有特殊意义的地方。刘备自占据成都到病逝永安的七八年间，只有一次"游观"见载于史书，而这次"游观"，地点就是广都。也就是在这次"游观"中，刘备发现广都长蒋琬不理政事。更重要的是，刘备称帝的政治舆论就是在广都一带率先制造出来的。

自商周以来，帝王自称天子，在其即位之前总是要制造"受命于天"的政治舆论。汉魏社会，术数流行，曹丕、刘备、孙权都在称帝前利用图谶论证"天命在躬"。

刘备分荆据蜀后，"所在并言众瑞，日月相属"。而称帝之祥瑞发端于地方奏报之"黄龙现赤水九日"。据《三国志》和《华阳国志》，建安二十四年（219），犍为太守李严奏称，武阳"黄龙见赤水九日乃去"。按当时流行的纬书《孝经援神契》的解释："德至渊泉则黄龙见。""黄龙见"预示着刘备当龙升帝位。于是，刘备的臣僚们从纬书中寻找出大量刘备当称帝的隐语，诸如"赤三曰德昌，九世会备，合为帝际"，"天度帝道备称皇，以统握契，百成不败"，"九侯七杰争命民炊骸，道路籍籍履人头，谁使主者玄且来"，"帝三建九会备"，等等。[①] 把"玄""德""备"等字眼从谶语中辑录出来，证明刘备当顺应天命而称帝。

建安二十六年（221）四月，刘备在八百多臣民的请求下，假意推辞一番，便顺天应人，在成都称帝，建立蜀汉政权，建号章武。

后世历史文献记载"黄龙现赤水"及其碑刻"黄龙甘露之碑"，或作在武阳，或作在彭山，或作在广都，或作在籍田，其分歧皆源于历代州县区划的分合调整，而具体地点黄龙镇（今成都双流区黄龙溪）则不曾改变。就在刘备称帝的当年，李严便在

---

① ［晋］陈寿：《三国志》卷三十二《先主传》，中华书局，2013年，第887页。

黄龙溪建立了黄龙庙，刻立了黄龙碑，意在把昭示天命在蜀的祥瑞固定下来，传诸千秋后代。南宋洪适《隶续》对"黄龙甘露之碑"有如下介绍：

> 黄龙甘露之碑二。隶额皆六字，不磨灭，碑中有穿，各高五尺余，大者广三尺；次二字。《华阳志》云，建安二十四年黄龙见武阳，赤水九日，乃立庙作碑。《蜀志》：次年，曹丕既灭汉，太傅许靖、安汉将军糜竺等上言，武阳龙见，君之象也，与博士许慈、议郎孟光立礼仪，上尊号。至次年，登坛即位。大碑之文十行，仅有数字可辨。群臣列名居石之二，上下四横，每横二十余人，可辨者侍中二人，司徒、尚书、五官中郎将、太中中散大夫、博士各一人，议郎四人，安汉、镇东等将军二十余人。官之下皆称臣姓名，碑侧题太守李严并丞令二人姓名。严后改名平。次碑之文十四行，惟首行有"建安廿六年"数字可辨，碑阴存者上两横，每横三十人，可辨者侍中、议郎、从事史、中郎将数十人。两碑俱有许慈、孟光题名，则立石非同时也。建安二十五年，汉祚已终。次年四月，蜀主方称帝改元，则辛丑之春，蜀人犹奉汉代正朔，故有建安二十六年之文。两横之下，崇宁中为王时彦所磨，刻其说：二碑皆有额，却云其一漫灭；李严大字一行皆可读，却云所存十字。如是卤莽，辄敢镌勒。①

可见，此碑到南宋仍然保存着。按照洪适的介绍，"黄龙甘

---

① ［宋］洪适：《隶续》卷十六，影印文渊阁《四库全书》本，台北商务印书馆，1986 年。

露之碑"有大小两座，碑额都是这六个字。大碑高五尺余，宽三尺，碑文分成十行，仅有数字可辨识，群臣列名居石（右）之二，上下四横，每横二十余人，可辨者侍中二人，司徒、尚书、五官中郎将、太中中散大夫、博士各一人，议郎四人；安汉、镇东等将军二十余人，官称之下皆署臣僚姓名。碑侧署太守李严和丞令两人的姓名。小碑碑文分成十四行，只有首行"建安廿六年"五字可以辨识，碑阴存分栏题刻臣僚官称和姓名，只有上部两栏保存，各栏题署三十人，可辨者侍中、议郎、从事史、中郎将等数十人。这些信息并非洪适亲临黄龙溪所得，而是委托时任国史编修、实录检讨的仁寿人员兴宗代为调查了解的。员兴宗不负所托，完成巴蜀地区汉隶碑刻调查后，在《答洪丞相问碑书》中提及此碑的保存状况。[①] 明清金石文献所载"黄龙甘露之碑"皆源于此。

刘备自然对制造其称帝舆论的地方极为看重，亲临"游观"。而带头制造这个舆论的犍为太守李严由此青云直上，竟然在一年后超越众臣，成为仅次于诸葛亮的托孤辅政大臣。

二、百里之长

蒋琬治理广都的效果没有得到先主刘备的认同，其才能却得到了丞相诸葛亮的表彰，并由此起步，逐渐成长为诸葛亮的继承者和蜀汉政权的执政大臣。

（一）众事不理

刘备取代刘璋为益州牧，跟随刘备由荆州入蜀的官吏无不得

[①] ［宋］员兴宗：《九华集》卷十二《答洪丞相问碑书》，影印文渊阁《四库全书》本，台北商务印书馆，1986年。

忠雅之表范
——蒋琬评传

到信用。蒋琬由州署文员"书佐"升任广都长，独当一面。这是其积累治国经验的契机，可蒋琬在广都给后人留下的印象则是无所作为，醉酒度日。

> 先主尝因游观奄至广都，见琬众事不理，时又沉醉，先主大怒，将加罪戮。军师将军诸葛亮请曰："蒋琬，社稷之器，非百里之才也。其为政以安民为本，不以修饰为先，愿主公重加察之。"先主雅敬亮，乃不加罪，仓卒但免官而已。①

蒋琬之"沉醉"，胡三省释为"为酒所沉滞"。赵幼文先生据司马彪注《庄子·外物》之"慰暋沉屯"所注"沉，深也"，释"沉醉"为"深醉"。②"百里之才"指治理一县的才能，此缘于古时一县的面积方圆百里。而"游观"即今之巡视。刘备突然驾临，发现蒋琬在广都不理政事，昏昏大醉，顿时勃然大怒，欲处以重刑。陪同而来的军师将军诸葛亮急忙劝解，称蒋琬非治县之才，乃国家之器，其为政以安民为本，不以修饰为先。刘备看在诸葛亮的面子上才没有处以重罚，仅免官而已。葛洪《抱朴子》对此有精彩的评论：

> 大鹏无戒旦之用，巨象无驰逐之才。故蒋琬败绩于百里，而为三台之标；陈平困瘁于治家，而怀六奇之略。③

---

① [晋]陈寿：《三国志》卷四十四《蒋琬传》，中华书局，2013年，第1057页。
② 赵幼文：《三国志校笺（下）》，巴蜀书社，2001年，第1455页。
③ [晋]葛洪：《抱朴子》外篇卷三十九《广譬》，《四部丛刊》景明本。

第二章 效力蜀汉 主政广都

三台，指汉魏中枢三大权力机构，时以尚书为中台，御史为宪台，谒者为外台，总称"三台"。这里把蒋琬败绩于广都而后荣升尚书令与汉初功臣陈平病卧家中却胸怀扶汉灭吕之谋略相提并论。

其实，当时像蒋琬这样"非百里之才"的县令还有一位，那就是大名鼎鼎的庞统。史载，刘备以庞统为耒阳（今属湖南）县令，而统不理县政，终被免官。孙吴鲁肃写信给刘备说："庞士元非百里才也，使处治中、别驾之任，始当展其骥足耳。"由此为刘备所知，升任治中从事，旋拜军师中郎将。[①]

诸葛亮对蒋琬政治才能的评价和政治理念的提炼应该是经过深入考察后得出的，因为这个评价很高，并非一个谨慎的主政大臣可以信口开河、随意加人的。事实亦证明，诸葛亮对蒋琬的政治才能和政治理念的高度赞赏，也是对后来蒋琬总理国政时所作所为的最好诠释。

蒋琬被免官后，广都长之继任者是时任什邡县令王连。王连字文仪，南阳人。刘璋时已为梓潼令。刘备自葭萌南攻梓潼，王连固守不降，由此得到刘备的赏识。刘备占据成都后，王连调任什邡令，再转为广都长，"所居有绩"。[②]后来升至蜀郡太守，封平阳亭侯，领丞相府长史。或许是因为蒋琬给刘备造成"沉醉"而不理政事的印象，刘备才调富有治理经验的王连来接任广都长。

蒋琬闲居的时间不长，便被重新起用为什邡令了。就汉魏令长的区别而论，蒋琬由长转令，实际上还有所提升了。

[①]［晋］陈寿：《三国志》卷三十七《庞统传》，中华书局，2013年，第954页。

[②]［晋］陈寿：《三国志》卷四十一《王连传》，中华书局，2013年，第1009页。

（二）牛血吉梦

蒋琬被罢免广都长后发生了一件奇事,就是他做了一个"牛头流血"的梦。

> 琬见推之后,夜梦有一牛头在门前,流血滂沱,意甚恶之,呼问占梦赵直。直曰:"夫见血者,事分明也。牛角及鼻,'公'字之象,君位必当至公,大吉之征也。"顷之,为什邡令。①

蒋琬梦见其门前有牛头,流血滂沱,即呼"占梦"赵直为之解梦。赵直解为"大吉之征",理由是牛角及鼻呈现蒋琬字公琰之"公"图案,预示其必位至公侯。梦牛应验,蒋琬位至大司马、阳安侯。后世亦有以此"吉梦"说事者,如宋人俞德麟《梦牛亭记》。②

这个占梦故事很快得到了应验。不久,蒋琬便被重新起用为什邡令。

有意思的是赵直这位善于"占梦"的知名大师。据《三国志》记载,赵直还为征西大将军魏延和成都县令何祗解过梦,无不应验。③另一位叫赵正的解梦者曾为长史杨仪解梦。④赵直与赵正可能为兄弟,或者就是一个人,"正""直"分别为名、字而已。

---

① ［晋］陈寿:《三国志》卷四十四《蒋琬传》,中华书局,2013年,第1057页。
② ［宋］俞德麟:《佩韦斋集》卷九,影印文渊阁《四库全书》本,台北商务印书馆,1986年。
③ ［晋］陈寿:《三国志》卷四十《魏延传》,中华书局,2013年,第1003页。《三国志》卷四十二《杨洪传》注引《益部耆旧传杂记》,中华书局,第1014－1015页。
④ ［晋］陈寿:《三国志》卷四十《杨仪传》,中华书局,2013年,第1005页。

三、留痕成都

蒋琬一生虽然建功立业于蜀汉，但在蜀汉行都成都并未留下什么遗迹。盖其早年作为县级和中央低级官员，资历、地位和声望不足以存留其行迹；其晚年虽为执政大臣，但长期驻节汉中（今属陕西）和涪城（今四川绵阳）。当然由于蒋琬位极人臣，官至大将军、大司马，且以绍继诸葛亮"成规"而闻名后世，不免在蜀汉统治中心的川西地区留下一些痕迹。

（一）蒋公牌坊

蒋公牌坊用石料砌成，其上镌刻着"蒋公旧治"四字，位于清代双流县城正中的县衙前。光绪《双流县志》编修者绘制的县城示意地图显示，蒋公坊建在城内核心区，面向南城门，背靠县衙，东邻武庙，西靠文庙（图2 清代双流县城城隍庙与蒋公旧治坊位置示意图）。这座牌坊始建于何时，系谁主持修建的，双流地方文献失载。民国《双流县志》仅称，"坊之建久矣"[①]。嘉庆《双流县志》则明确，乾隆五十五年（1790），此坊"毁无复存"。嘉庆十六年（1811），双流知县汪士侃捐资复建。

> 蒋公旧治坊在治署前。
> 蜀汉安阳亭侯蒋琬长广都，以安民为本，遗爱在人，坊之建久矣。清乾隆庚戌，故坊毁。嘉庆十六年，知县汪士侃乃修复。光绪三年，知县彭琬重修。民国元年，自治会续修之。

---

① 民国《双流县志》卷一，民国十年修、二十六年重刊本。

这则记载不仅把"蒋公旧治坊"在乾隆至民国初年的毁坏和复建交待得十分清楚，而且还阐释修建此坊之时代价值，即"安民为本"和"遗爱在人"。

正是这样的时代价值，使得这座牌坊在晚清和民初两次得到修葺。① 第一次是光绪三年（1877），双流知县彭琬重修此坊。民国《双流县志》没有交待重修的原因，或因年久风化，此距嘉庆十六年复建已是66年了。第二次是民国元年（1912），双流自治委员会主持"续修"过此坊，此距光绪三年重建才35年。

从清嘉庆到民国年间，"蒋公旧治坊"的三次修葺，体现了蒋琬在双流的深远影响。可惜双流地方历史文献没有留下关于这座石坊的修葺过程和体量的记载。20世纪40年代，双流县城遭到日本军机轰炸，此坊损毁严重，随即被拆除。

（二）城隍主神

城隍神，民间又称作城隍爷，是《周官》所载天子奉祀的八大神灵之一。魏晋以后，逐渐成为全社会普遍崇祀的重要神祇。至明清时期，几乎所有郡县以上的城池皆建有城隍庙，供奉着这座城池的保护神。在神祇的世界里，城隍神的职责是赐奖福寿和惩罚邪恶，由此赢得了海量的信众。

另外，道教在发展过程中广泛吸纳民间信仰，城隍神由此进入道教神灵序列。官府则以神设教，城隍神被纳入国家祀典。

有趣的是，明太祖朱元璋这个等级观念极强的专制君主还按城池级别来规范天下城隍神的爵位：京城为福明灵王，府城为威灵公，州城为绥靖侯，县城为显佑伯。从而使天下的城隍神显得等级分明、整齐划一。

不过，唐宋时期的城隍神还没有这些区别。

---

① 民国《双流县志》卷一，民国十年修、二十六年重刊本。

宋朝以来，城隍神被人格化，一些才学名士、廉能名臣、功勋名将在后世被一些城池奉为城隍神。元末明初的秦裕伯因博学善辩得明太祖称道而被奉为上海城隍神，楚国大臣黄歇以博学多能而被苏州奉为城隍神，明朝周新以清正廉能而被杭州奉为城隍神。一些与本地城池相关的谋臣名将被后世奉为本城城隍神的现象尤多，如宋朝能臣邵晔任蓬州司法参军，违背知州意愿，力纠一桩冤案，明清时期便被蓬州奉为城隍神。

双流城隍庙位于县城西门内北隅（图2 清代双流县城城隍庙与蒋公旧治坊位置示意图），始建于何时，最初供奉谁为城隍神，皆无从确知，或许当初就是蒋琬。嘉庆《双流县志》中只留下了"康熙初因明旧址重葺"九个字的信息。嘉庆六年（1801），双流县士绅黄继忠等筹资重建。建成正殿五间、抱厅五间、寝宫楼房五间，回廊环绕，大门、仪门各三间，祠左客堂、轩厨毕备，祠前数十步外建乐楼一座，地极宏敞。[①] 民国三十五年（1946）还进行过培修，也是最后一次培修。双流解放初，城隍庙被改作仓库，本地人称作"西关仓库"。其内神龛、神像等被毁。

嘉庆年间重建的城隍庙明确供奉着蒋琬夫妇。虽然历史文献没有留下蒋琬夫人的姓氏，但蒋琬毕竟是现存历史文献记载中双流名望最高的县长，并由此发祥，成为蜀汉名臣，奉他为城隍神，是符合情理的。

城隍神虽然被纳入道教神系，但并不影响其在民间信仰中的神灵地位。明清时期最热闹的民间城市活动就是人神共娱、官民同乐的城隍会。城隍会的活动项目繁多，既有祭祀神灵、祈福免灾等仪式，又有商品交易、杂耍表演等活动。当然，最热闹的是城隍出驾的大型游乐活动，颇似今天外域的"狂欢节"。

---

① 民国《双流县志》卷一，民国十年修、二十六年重刊本。

双流的城隍庙会活动一般要举行一周，有时还会延长到半个月。其间货物云集，百戏竞演，而高潮是三月初三的"城隍出驾"。当天双流城内要举行城隍祭祀大典和城隍出驾巡城。这是双流全年中最热闹的日子。

此日城隍庙内灯火辉煌，香烟缭绕，宝盖浮云，幡幢若林，梵乐法音，聒动天地。在庄严的祭祀仪式结束后，蒋琬夫妇神像被信众从城隍庙的神龛里请出，坐上四条壮汉抬的彩轿，出驾巡城。打扮怪异的左右阴差护送，手持花灯的信众跟随其后，沿着正街行进。一路鞭炮齐鸣，锣鼓喧天，人潮涌动，热闹非凡。每次出巡必须到达东南西北四座城门，最后至城内康家巷子乃止。传说这条巷子就是当时人们认定的汉魏广都县衙门所在地，也就是当年广都长蒋琬的办公地点。

虽然"蒋公旧治坊"和双流城隍庙都已消失，但双流人一直没有忘记蒋琬"安民为本"的至理名言和护佑城池的历史口碑。陈伟芳先生诗云："安民为本美政声，社稷之器乃贤臣。石坊不存口碑在，故老相传蒋公神。"① 对蒋琬治理广都之事迹和清代双流崇祀蒋琬予以表彰。

（三）蒋琬故宅

历史文献记载，蒋琬故宅在成都周边似有三处：一处在双流县宜城山下，一处在犀浦县蒋桥附近，一处在成都县东七里。

明人曹学佺在《蜀中广记》中记载：

> 蜀汉尚书蒋琬、宋布衣李甲宅，俱在宜城山下，茂林清泉，致可喜也。②

---

① 陈伟芳：《瞿上风物》（内部资料），第257页。
② ［明］曹学佺撰，杨世文点校：《全蜀艺文志》卷五，上海古籍出版社，2020年，第55页。

宋人乐史在《太平寰宇记》中则称："蒋琬宅在（成都）县东七里。"清雍正《四川通志》纠正此说云，蒋琬宅在华阳县东七里[①]；又引《益州记》云，蒋琬宅在犀浦县。其实，宋代与清代关于这座蒋琬故宅位置的记载都没有问题，所谓两县之东七里，并不矛盾。宋代以来成都县和华阳县的县治都设置在成都府城内，一东一西，或与府署并排，或分立府署左右。

宜城山又称应天山、白塔山，自平原崛起，呈西北—东南走向，最高点592米，长35千米，宽11千米，涵盖当今9个乡镇。这一区域在中国传统社会一直是经济文化较发达的地区，历代名士显宦多在此择地建宅，休闲养性。按照《钦定大清一统志》的说法，诸葛亮在这一区域也有三处住宅。

一处在成都县。乐史《太平寰宇记》称，武侯故宅在成都府西北二里，到宋代已经整改为道教活动场所乘烟观了，而这座道观内置有诸葛亮祠。

其余两处都在今天的双流区境内。一处在广都县南。据《元和郡图志》载，诸葛亮宅在广都县南十九里。另一处在双流县北，县志云，诸葛旧居在双流县东北八十八里，今谓之"葛陌"。

在诸葛故宅中，"葛陌"影响最大。诸葛亮在《出师表》中所云，薄田十五顷，桑八百株，即此地也。[②] 清代四川按察使黄云鹄《赴剑南道任以双流葛陌口占》："有田十五顷，有桑株八百。臣私敢告君，此外无余帛。"用十分直白的语言来表彰诸葛丞相之清廉。

---

① 清雍正《四川通志》卷二百九十二，影印文渊阁《四库全书》本，台北商务印书馆，1986年。
② 《钦定大清一统志》卷二百九十二，影印文渊阁《四库全书》本，台北商务印书馆，1986年。

（四）犀浦蒋桥

根据《太平寰宇记》，宋代成都犀浦县境内有座"蒋桥"，因蒋琬碑宅在附近而得名。后来犀浦县被废，其地并入郫县，而蒋桥依旧存在，跨越油子河而立。这应该是对蜀汉大司马蒋琬的一种纪念。

而《华阳县志》以为蒋琬宅在华阳县东七里，并否定犀浦县有蒋琬宅，但认为"蒋桥"确实与蒋琬相关，只是不再强调其因"蒋琬宅"而得名。

这座"蒋桥"一直存在，同治《郫县志》中多处提及这座桥，并因此名蒋桥所在乡为"蒋桥乡"。

第三章　佐赞诸葛　保障后勤

自诸葛亮顾命开府，蒋琬便入选幕府，由东曹掾而参军，再到长史，直至诸葛亮病逝，共计十一年之久。这十一年是蒋琬展现治国理政才能，成长为股肱大臣的关键时期。

一、入选曹掾

丞相，或称国相，是汉魏时期的"百官之长"，《汉书》称其职权曰"掌丞天子，助理万机"[1]。

建安二十六年（221）四月，刘备在成都称帝，国号汉，改元章武。刘备拜诸葛亮为丞相，录尚书事。然刘备在位的两年间，既未见诸葛丞相如同西汉之丞相"金印紫绶"的威仪，也不见设置官属的举措。王夫之认为，诸葛亮"身在汉，兄弟分在魏、吴，三国之重望，集于一门。关、张不审，挟故旧以妒其登庸。先主之疑，盖终身而不释"[2]。也就是说，刘备一直没有完全信任过诸葛亮。直至章武三年（223）四月，刘备病故于永安（治今重庆奉节），刘禅继位，即改年号为建兴。丞相诸葛亮以顾

---

[1] ［汉］班固：《汉书》卷十九上《百官公卿表》，中华书局，2013年，第724页。

[2] ［清］王夫之撰，舒士彦点校：《读通鉴论》卷十《三国》，中华书局，2013年，第286页。

命大臣身份"开府治事",同时选择人才,配备官属。《华阳国志》记载:

> 二年,丞相亮开府,领益州牧。事无巨细,咸决于亮。……辟尚书郎蒋琬及广汉李邵、巴西马勋为掾,南阳宗预为主簿,皆德举也;秦宓为别驾,犍为五梁为功曹,梓潼杜微为主簿,皆州俊彦也。而江夏费祎、南郡董允、郭攸之始为侍郎,赞扬日月。①

这里以建兴二年诸葛丞相开府治事,而《三国志》中相关记载俱作建兴元年。当以元年为是。其年四月,刘备去世,临终前托孤于诸葛亮,诸葛亮有充足的时间,依据先主之遗嘱,在当年完成开府事宜。清人洪饴孙《三国职官年表》等研究著作皆系于建兴元年(223)。②

诚如《华阳国志》所载,诸葛丞相开府治事,选拔入幕的都是当时名士精英,也多为培养和造就蜀汉股肱栋梁的对象。蒋琬以尚书郎入为丞相东曹掾。

尚书原本隶属汉代中央"九卿"之一的"少府",到东汉时逐渐形成独立的中枢权力机关"尚书台"。设尚书令为长,仆射为贰副,分曹设置尚书,分理国家政务。而尚书郎和令史皆为尚书台属员,主要负责"文书起草",官秩待遇较低,与县之令长相当,然因其近侍皇帝,地位清要。所以,时人郑传"以为台职虽尊而酬赏甚薄"。

建安二十四年(219)秋,刘备称汉中王,仿照东汉朝廷,

---

① [晋]常璩撰,刘琳校注:《华阳国志》卷七,成都时代出版社,2007年,第292页。
② [清]洪饴孙:《三国职官表》,《二十五补编》,中华书局,1998年,第2731页。

配备王府官属。蒋琬由广汉郡什邡县令调入中枢机关尚书台，任尚书郎。

东汉时期地位崇高的太尉、司徒、司空"三公但受成事而已，尚书令主赞奏事，总领纲纪，无所产统"[1]，即尚书台成为中枢政务机构，而尚书令即为百官之长。不过，蜀汉的尚书令未必就是百官之长，其上的丞相、大将军、大司马，并加"录尚书事"，才能主持朝政，参决机务。

诸葛亮为丞相，录尚书事，所开相府如同东汉之三公府，分曹掌理国家政事，其中"西曹主府史署用，东曹主二千石长吏迁除及军吏。户曹主民户、祠祀、农桑。奏曹主奏议事。辞曹主词讼事。法曹主邮驿科程事。尉曹主卒徒转运事。贼曹主盗贼事。决曹主罪法事。兵曹主兵事。金曹主货币、盐、铁事。仓曹主仓谷事。黄阁主簿录省众事。"[2] 不过《三国志》并未备载诸葛亮开府时的各曹长官，唯载其东曹掾蒋琬和西曹掾李邵。[3] 盖此二曹最为紧要，故而记载之。其后姜维归顺蜀汉，诸葛亮即授其仓曹掾。

蒋琬担任东曹掾，职权是主管二千石长吏及军吏等文武高级官员的任免和升迁，颇似后世之吏部尚书，足见诸葛亮对蒋琬的信任和赏识。

二、升任参军

自汉武帝以来，汉朝在西南夷区陆续设置了牂牁、越巂、朱

---

[1] [宋] 马端临：《文献通考》卷六十三，中华书局，1991年，第469页。

[2] [南朝·宋] 范晔：《后汉书》志二十四《百官志》，中华书局，1965年，第3559页。

[3] [晋] 陈寿：《三国志·蜀书·杨戏传》附《季汉辅臣赞》，中华书局，2013年，第1086页。李邵，字永南，广汉郡人。先主定蜀后为州书佐部从事。建兴元年，丞相亮辟为西曹掾。亮南征，留邵为治中从事。是岁卒。

提、益州、永昌等五郡，时称南中。刘备去世，"南中诸郡，并皆叛乱"①，其中"高定恣雎于越巂，雍闿跋扈于建宁，朱褒反叛于牂牁"②，豪强雍闿最为恶劣，杀害益州郡太守正昂，绑架新任太守张裔，并送交东吴，还接受孙吴委任之益州太守。建兴三年（225），诸葛亮决计南征，以长史向朗留守丞相府，统领政务，升蒋琬为丞相参军，并随军出征。平定南中后，诸葛亮改益州郡为建昌，又分置云南郡和兴古郡。

蒋琬升为参军，应当是通过举茂才而得。《三国志·蒋琬传》载：

> 建兴元年，丞相亮开府，辟琬为东曹掾。举茂才，琬固让刘邕、阴化、庞延、廖淳，亮教答曰："思惟背亲舍德，以殄百姓，众人既不隐于心，实又使远近不解其义，是以君宜显其功举，以明此选之清重也。"迁为参军。

蒋琬担任东曹掾不久就遇到蜀汉选举茂才，而蒋琬致信诸葛亮，表示不愿参与茂才的选举，并推让刘邕、阴化、庞延、廖淳四位文士。诸葛亮坚持推举蒋琬，并复信（后世将此信独立出来，名《与蒋琬教》）阐明举茂才既是彰显蒋琬个人的功举，又是展现国家选才的清重，要求蒋琬尊重此选。蒋琬遂迁升为参军。

参军，又作参军事，汉末创设，为丞相或大将军的专职军事

---

① ［晋］陈寿：《三国志》卷三十五《诸葛亮传》，中华书局，2013年，第918页。

② ［晋］陈寿：《三国志》卷四十三《李恢传》，中华书局，2013年，第1046页。按：《华阳国志》卷四《南中志》中，"高定"作"高定元"，详见成都时代出版社刘琳校注本，第182页。

参谋属员①，颇似近代的参谋长。蜀汉丞相府参军也是丞相府长史的副职。蒋琬为丞相参军，除随军南征时出谋划策外，还与丞相府长史张裔同署丞相府事。张裔、马忠和杨仪都曾以参军"署府事"。可见，参军为丞相府长史之副职，这在《三国志·马忠传》中可以进一步得到证明。建兴八年（230），马忠以牂牁太守"召为丞相参军，副长史蒋琬署留府事"②。不少论者据此误解为长史之下设置有"副长史"，且由蒋琬担任。此"副"是动词，即作为长史蒋琬的副手。而事实上蜀汉从未设置过"副长史"。正是由于参军与长史同署府事，参军又称作"参署"。诸葛丞相对"参署"有过经典的解释：

夫参署者，集众思广忠益也。若远小嫌，难相违覆，旷阙损矣。违覆而得中，犹弃弊𫏋而获珠玉。然人心苦不能尽，惟徐元直处兹不惑，又董幼宰参署七年，事有不至，至于十反，来相启告。苟能慕元直之十一，幼宰之殷勤，有忠于国，则亮可少过矣。③

语中之徐元直，即徐庶，诸葛亮早年的好友，曾向时为左将军的刘备推荐过诸葛亮，旋与诸葛亮同辅刘备。董幼宰，即董和，南郡枝江人，刘备定益州后任掌军中郎将，与军师将军诸葛亮同署左将军大司马府事，亦即左将军府之参军。这段话是诸葛亮在董和去世后对僚属所言，用以勉励群士。在诸葛亮看来，参署的关键作用在于集众思，广忠益，并以徐庶和董和为榜样，不

---

① ［宋］马端临：《文献通考》卷六十三，中华书局，1991年重印本，第572页。
② ［晋］陈寿：《三国志》卷四十三《马忠传》，中华书局，2013年，第1048页。
③ ［晋］陈寿：《三国志》卷三十九《董和传》，中华书局，2013年，第979页。

厌其烦，反复陈请，必得其尽善，由此减少主官决策之失误和行政之疏漏。当然，也可避免长官的独断专行。

诸葛丞相的参军并非只有蒋琬一人。据《三国志》，诸葛丞相开府的十二年里先后有十人担任过"参军"一职。另有六人以将尉兼任"行参军"①，这应该是战争状态下的临时参军。

表 3-1　诸葛亮丞相府参军一览表

姓名	原有官职	任参军时间	升调官职	备注
蒋琬	尚书台尚书	建兴三年	长史	《三国志·蒋琬传》
张裔	益州太守	建兴年间	长史	《三国志·张裔传》
杨仪	弘农太守	建兴三年	长史	《三国志·杨仪传》
马忠	牂牁太守	建兴八年	庲降都督	《三国志·马忠传》
费祎	朝廷侍中	建兴五年	司马	《三国志·费祎传》
廖化	宜都太守	建兴元年	督广武	《三国志·廖化传》
宗预	相府主簿	建兴初	后将军	《三国志·宗预传》
李邈	犍为太守	建兴五年前	因谏斩马谡而免官	《华阳国志》卷十中《先贤士女总赞·广汉士女》
盛衡	广汉太守	建兴中	尚书	《三国志·杨戏传》
姚伷	相府曹掾	北伐中	尚书仆射	《三国志·杨戏传》
胡济	昭武中郎将	建兴九年		加"行中参军"
爨习	偏将军	建兴九年		加"行参军"
阎晏	建义将军	建兴九年		加"行参军"
杜义	裨将军	建兴九年		加"行参军"
杜祺	武略中郎将	建兴九年		加"行参军"
盛勃	绥戎都尉	建兴九年		加"行参军"

蒋琬由丞相府东曹掾升任参军是在诸葛亮出兵南中之前，到

---

① ［晋］陈寿：《三国志》卷四十《李严传》注引《亮公文尚书》，中华书局，2013年，第1000页。

第三章 佐赞诸葛 保障后勤

建兴五年（227）诸葛亮移驻汉中时，明确其参军职责是"与长史张裔统留府事"，即与张裔负责处理蜀汉内部政务，并保障北伐大军的物资供给。所谓"统留府事"，并非没有到过北伐前线，蒋琬和张裔都曾往返于汉中与成都。建兴六年（228）春，诸葛亮第一次北伐时，因马谡违令而大败于街亭，遂"斩马谡"于汉中。时任丞相参军的蒋琬到达汉中，对诸葛亮斩马谡发表过不同意见。

> 谡临终与亮书曰："明公视谡犹子，谡视明公犹父，愿深惟殛鲧兴禹之义，使平生之交不亏于此，谡虽死无恨于黄壤也。"于时十万之众为之垂泣。亮自临祭，待其遗孤若平生。蒋琬后诣汉中，谓亮曰："昔楚杀得臣，然后文公喜可知也。天下未定而戮智计之士，岂不惜乎！"亮流涕曰："孙武所以能制胜于天下者，用法明也。是以杨干乱法，魏绛戮其仆。四海分裂，兵交方始，若复废法，何用讨贼邪！"①

蒋琬与诸葛亮这段关于斩马谡的对话，双方皆引历史掌故阐明自己的观点。《左传》载，春秋时晋楚大战于城濮，楚军败绩南撤，而晋文公仍以楚军主帅得臣（子玉）领军为忧。结果得臣被楚王赐死，晋文公由忧转喜。蒋琬引述这个故事阐明自己的观点：斩杀"智计之士"马谡，只会让敌对之曹魏高兴。当然，反对斩马谡也是其宽厚仁义的具体体现。诸葛亮则以维护法律威严而作答，不仅用孙武诛杀吴王两个宠姬以明其法，还引述《左传》言晋会盟诸侯时，晋悼公之弟扬干捣乱，司马魏绛诛杀其仆

---

① ［晋］陈寿：《三国志》卷三十九《马良传》注引《襄阳记》，中华书局，2013年，第984页。

人以示法令之严。这也是诸葛亮严肃军纪军法的一贯作风。

从《三国志》和《华阳国志》的相关记载看,当时凡发表意见者都是反对斩马谡的,包括在这次北伐中因丞相信用马谡而未能打前锋的魏延,"于时十万之众为之垂涕"[①],因而后世便有诸葛亮"违众斩马谡"之说。有意思的是,时任丞相参军李邈以"秦赦孟明,用伯西戎;楚诛子玉,二世不竞"劝谏诸葛丞相,即同样以得臣死而晋文喜的春秋故事反对斩马谡,却被诸葛丞相免官。[②]足见,蒋参军与诸葛丞相亲密无间,谈话无所忌讳。

魏晋以来的历史学家对诸葛亮斩马谡多持否定态度,如习凿齿认为诸葛亮这是"明法胜才"。其评论说:

> 今蜀僻陋一方,才少上国,而杀其俊杰,退收驽下之用,明法胜才,不师三败之道,将以成业,不亦难乎![③]

宋人李复竟然以蒋琬反对斩杀马谡为千百年来否定诸葛亮斩马谡论的原始渊源,实际上当时谏斩马谡者并非蒋琬一人,蒋琬也未必是第一人。

> 武侯戮马谡,蒋琬非之,后人从而议焉。当时马谡若违武侯节度能为成功,武侯智计不至,则武侯可议。既违,果致街亭之败,安得不行法令?若取蒋琬之言,

---

① [晋] 陈寿:《三国志》卷三十九《马良传》注引《襄阳记》,中华书局,2013年,第984页。

② [晋] 陈寿:《三国志》卷四十五《杨戏传附》,中华书局,2013年,第1086页。

③ [晋] 陈寿:《三国志》卷三十九《马良传》注引《襄阳记》,中华书局,2013年,第984页。

贬武侯之大体，甚未可也。①

按照李复的说法，蒋琬乃首创非议诸葛亮斩马谡之人，后世持此说者实追从蒋琬之议。李复还就此提出自己的见解，即：如果马谡违背诸葛丞相的节度而取得了胜利，则斩马谡可议；而如果马谡违背诸葛丞相的节度而导致失败，则马谡当斩，不可异议。在李复看来，马谡违背武侯节度，并且遭到失败，应当执行军法。用蒋琬的言论来贬低武侯行为是不可取的。

三、晋升长史

建兴八年（230），丞相府留府长史张裔去世，蒋琬由参军升任长史。当时随诸葛亮出征北伐的另一位长史为杨仪。

丞相府设置两个长史，并非完全出于诸葛亮在北伐期间兼顾内外的实际需要，而是有着历史依据。汉文帝二年（前178），汉廷复设一丞相，配备长史二员，待遇为千石。②马端临解释长史云："盖诸史之长也，职无不监。介帻，进贤一梁冠，朱衣，铜印，黄绶。"③把长史的含义、职权、印章和服饰都记述得十分清楚。所谓"诸史"，指长史以下的丞相府所有官属。"职无不监"，表明长史之职责是全面主持丞相府的日常工作。

到汉末，曹操"为丞相，置左右长史，丞相诸曹吏掾属三十，御属一"④。这是曹操丞相府官属数额。诸葛丞相府官属有多少，史无明载，应与曹丞相府大致相当，或者略少一些。

---

① ［宋］李复：《潏水集》卷三《答党纶教授书》，影印文渊阁《四库全书》本，台北商务印书馆，1986年。
② ［汉］班固：《汉书》卷十九上《百官公卿表》，中华书局，2013年，第724页。
③ ［元］马端临：《文献通考》卷四十九《职官三》，中华书局，1991年，第452中页。
④ ［唐］杜佑撰，王树民点校：《通典二十略》卷二十一《官制略二》，中华书局，1995年，第1007页。

在蒋琬升任丞相长史以前，诸葛丞相府已经经历了三任长史：王连、向朗和张裔。他们都是蜀汉政权的精英分子，也是蜀汉主持内政外交的依靠对象。

第一任王连。王连，字文仪，南阳人。刘备起兵葭萌（今四川昭化），南下攻取郡县，刘璋所任命的梓潼令王连闭城不降，却由此得到刘备和诸葛亮的赏识。及刘备取代刘璋，王连先后担任什邡令、广都长，迁升司盐校尉、蜀郡太守、兴业将军。建兴元年（223），拜屯骑校尉，领丞相长史，封平阳亭侯。王连在担任丞相府长史时恳请诸葛亮不要亲自率军南征，认为"此不毛之地，疫疠之乡，不宜以一国之望，冒险而行"[1]。诸葛亮由此迟疑，久久不决。恰遇王连去世，最终还是决定亲征南中。

第二任向朗。向朗，字巨达，襄阳宜城人。荆州牧刘表以为临沮长。刘表去世，归属刘备。刘备收复荆南诸郡时，派遣向朗到秭归、夷道、巫山、夷陵四县督导军民。及刘备取代刘璋，以向朗为巴西太守，转任牂牁太守，徙房陵太守。后主继位，为步兵校尉，接替王连为丞相府长史。诸葛亮南征，向朗留府统事。建兴五年（227），向朗随诸葛亮北上汉中。马谡在北伐中兵败街亭，随即逃亡。向朗素与马谡友善，对于马谡逃匿之迹，知情不报。诸葛亮对此十分不满，免其官职，放还成都。

第三任张裔。张裔，字君嗣，蜀郡成都人。刘璋时，初为鱼复长，后任益州州署从事，领帐下司马。时张飞率军从垫江（今重庆合川）西上。刘璋授张裔兵，使拒张飞于德阳（今四川遂宁），兵败，还成都。旋奉刘璋之命诣刘备谈判归降事宜，得到刘备"以礼其君而安其人"的承诺。张裔遂开城迎降。刘备以张裔为巴郡太守，还成都为司金中郎将，负责农业和军事器具制

---

[1] ［晋］陈寿：《三国志》卷四十一《王连传》，中华书局，2013年，第1009页。

作。益州郡豪强雍闿杀害太守正昂，公开纳款东吴。张裔受命接任太守，径往至郡，未设防备。雍闿又缚之送与东吴。章武三年（223），刘备病逝于永安，诸葛亮遣邓芝使东吴，重修旧好，并寻回伏匿东吴多年的张裔。诸葛亮随即以为丞相参军，署丞相府事，即行长史之职，尚无长史之名。诸葛亮出驻汉中，张裔以射声校尉正式担任留府长史，另一长史向朗则随军至汉中。张裔竭力支持诸葛丞相北伐，亦佩服诸葛丞相之赏罚分明，评论说："公赏不遗远，罚不阿近，爵不可以无功取，刑不可以贵势免。此贤愚之所以佥忘其身者也。"[①] 曾赴汉中向诸葛丞相请示汇报工作，而送者数百，车乘盈路，颇得人心。旋加辅汉将军，领长史如故。建兴八年（230）病卒。

第四任丞相府长史便是蒋琬与杨仪了。蒋琬与马谡、杨仪于建兴三年（225）诸葛亮南征前同升丞相参军。马谡在建兴六年（228）因战败伏诛，蒋琬与杨仪则在张裔去世后又同时升任丞相府长史。在诸葛亮主政的最后五年里，蒋琬留居成都，维持内部稳定，保障前线供给。杨仪则随军北伐，直接参与对曹魏的军事行动。蒋琬与杨仪皆深得信用，都为实现诸葛亮"复兴汉室"的战略目标做出了自己的贡献。

根据四任五位丞相府长史的简明履历，蜀汉的丞相府长史有一个由一人独任到两人并任的过程。最初王连独任，未曾随诸葛亮南征，亦无"随征"和"留府"之分。诸葛亮在北伐期间，既要寓居成都，辅佐后主，又要驻节汉中，指挥北伐。于是，沿用汉文帝设丞相府长史二员之故事，设置二员长史，一"留府"，一"随征"。向朗继任长史，诸葛丞相南征时"留府"，北伐时又"随征"，而其"随征"时的"留府"长史就是张裔。张裔去世后，"留府"长史由蒋琬接任，而向朗被罢后，"随征"长史则由

[①] ［晋］陈寿：《三国志》卷四十一《张裔传》，中华书局，2013年，第1011页。

杨仪接任。

与此相同，丞相府长史的副职参军亦有"留府"和"随征"之别。诸葛亮南征时马谡"留府"，蒋琬"随征"，而北伐时则蒋琬"留府"，费祎"随征"。

丞相府长史"盖众史之长也，职无不监"①，不仅是名副其实的丞相府官属的首长，而且是晋升主政大臣的后备人选。诸葛丞相府的几任长史皆系一时杰出人才，或留府主事，代理丞相处理朝廷日常政务；或随军出征，辅佐丞相南征北战，各显其能，皆有功于蜀汉的巩固和发展。王连主营盐铁之利，以资国用。向朗德才兼备，且"以吏能见称"。张裔思辨锐敏，深通治道。然王连和张裔其年不永，而向朗又以私谊马谡而遭废弃，皆不得与诸葛丞相之北伐共始终，唯蒋琬和杨仪赞襄诸葛丞相"复兴汉室"，直至其病故军中。

在蒋琬和杨仪之间，诸葛亮一直看好蒋琬。当然杨仪亦非等闲之辈，在辅佐诸葛亮北伐秦川中功劳巨大。

> 建兴三年，丞相亮以为参军，署府事，将南行。五年，随亮汉中。八年，迁长史，加绥军将军。亮数出军，仪常规画分部，筹度粮谷，不稽思虑，斯须便了。军戎节度，取办于仪。②

在诸葛亮病逝后的撤军行动中，杨仪迅速平定魏延之乱，避免了一场即将爆发的蜀军内战，整旅而还。这对诸葛丞相病逝后政局的稳定也是有功可录的。不过，诸葛亮发现其"性狷狭"，

---

① [唐]杜佑撰，王文锦等点校：《通典》卷二十一《职官三》，中华书局，1996年，第543页。
② [晋]陈寿：《三国志》卷四十《杨仪传》，中华书局，2013年，第1004—1005页。

不具备主政大臣的格局，这在《三国志·杨仪传》记载的两个事件中充分体现了出来：其一，为尚书与刘巴不睦。早在刘备称汉中王时，杨仪已被提拔为尚书。刘备出兵夷陵时，杨仪与其上司刘巴闹矛盾，史谓"仪与尚书令刘巴不睦，左迁，遥署弘农太守"①。其二，为长史与魏延水火。魏延虽然"性矜高"，但毕竟是当时一位智勇兼备的领军人才，如果不能容纳这样的将领，也就不具备主政大臣的基本素质。

在诸葛亮眼里，蒋琬虽然资历较杨仪浅，却是执掌国政的不二人选。诸葛亮应该在荆州时期或者入蜀以来就开始关注蒋琬。当蒋琬在广都被刘备处罚时，诸葛亮劝解道："蒋琬，社稷之器，非百里之才也，其为政以安民为本，不以修饰为先。"这个评论应该是对蒋琬早有了解而发的。而蒋琬自己为人十分低调，从无争强好胜之迹。诸葛丞相开府时以举茂才求补官属，蒋琬不仅主动放弃，还推荐别人。只缘诸葛丞相属意于他，并作《答蒋琬教》的书信相劝，才不得已而参与，并成功举为茂才，旋拔任丞相参军。

建中五年（227）春，诸葛亮进驻汉中，北伐秦川，留下参军蒋琬与长史张裔主持相府工作。有论者以为蒋琬因此长期留守成都，不曾深入北伐前线。实际上，蒋琬和张裔负责北伐的后勤保障工作，并往返于汉中与成都之间，第一次北伐失败后还在汉中劝谏诸葛亮斩马谡。

建兴八年（230），蒋琬接任丞相府长史后，全面负责蜀军的后勤补给工作，积极筹措军资，支持北伐秦川，深受诸葛丞相器重。

> 八年，代裔为长史，加抚军将军。亮数外出，琬常

---

① ［晋］陈寿：《三国志》卷四十《杨仪传》，中华书局，2013年，第1004页。

足食足兵以相供给。亮每言："公琰托志忠雅,当与吾共赞王业者也。"密表后主曰:"臣若不幸,后事宜以付琬。"①

诸葛亮之于蒋琬,可谓知人善任;而蒋琬于诸葛亮,亦可谓不负知遇之恩。由此,诸葛亮之荐蒋琬得到后世政论家的高度赞誉。宋末四川宣抚使李曾伯就将诸葛亮之举蒋琬与萧何之举韩信相提并论。② 蒋琬忠勤国事,报效后主,安定蜀中,也得到了后世政论家的充分认可。宋人苏辙评论道:

> 蜀先主知嗣子之暗弱,举国而付之诸葛孔明。孔明又废李严、杨仪,援蒋琬、费祎而授之。虽后主之不明,而守国三十余年,君臣相安,蜀人免于涂炭之患,过于魏、吴远甚。③

---

① [晋]陈寿:《三国志》卷四十四《蒋琬传》,中华书局,2013年,第1057—1058页。
② [宋]李曾伯:《可斋杂稿》卷十一,影印文渊阁《四库全书》本,台北商务印书馆,1986年。
③ [宋]苏辙:《苏辙集》卷九《历代论三·孙仲谋》,中华书局,1990年,第980页。

第四章 总揽国事 持正公允

建兴十二年（234），后主刘禅遵照丞相诸葛亮之遗嘱，以蒋琬总统蜀汉军国大政，直到延熙九年（246）蒋琬病故于涪城。十二年间蒋琬着力稳定蜀汉政局，休养生息，发展生产，延续着与曹魏、孙吴的鼎立之局，故罗开玉将蒋琬主政和续后的费祎主政称为"无为而治"时期。①

一、综理国政

蜀汉人才缺乏，到诸葛丞相晚年，可供他考察和选择的继承人实际上并不多，只有魏延、杨仪和蒋琬三人而已。

资历最深、威望最著、地位最高的是魏延。魏延，字文长，义阳（今河南信阳）人。追随刘备入蜀，因战功拜牙门将军。刘备称汉中王后，留魏延镇守汉川。及称帝，进拜魏延为镇北将军。建兴元年（223），刘禅继位，封魏延为都亭侯。五年，诸葛亮驻汉中，改用魏延为丞相司马、凉州刺史。八年，魏延西入羌中，与曹魏后将军费瑶、雍州刺史郭淮战于阳溪，大破郭淮所部曹军，迁升为前军师、征西大将军，假节，进封南郑侯。

---

① 罗开玉、谢辉：《三国蜀后主刘禅新论》，《成都大学学报》（社会科学版），2009年第6期。

魏延智勇兼备，镇守汉中十余年，创设了一套行之有效的防御办法，即所谓"围守"，今天有论者称其为蜀汉之"北疆长城"[1]。如此功勋、地位和声誉，是当时蜀汉的文臣武将无与为比的，而且魏延自己也确有接替诸葛丞相的心思。在诸葛丞相病故，诸军撤退时，他说："丞相虽亡，吾自见在。府亲官属便可将丧还葬，吾自当率诸军击贼，云何以一人死废天下之事邪？"言下之意，丞相过世，自己可当代丞相继续北伐。史有明载，魏延"平日诸将素不同，冀时论必当以代亮"[2]。这些言行足见其接替丞相主政之希冀。

较之魏延，蒋琬和杨仪之资历、声望、地位皆不及。魏延都督汉中，独当一面时，蒋、杨方进入尚书台为属员。魏延为丞相司马时，在北伐中冲锋陷阵，蒋、杨方升丞相参军，仍无独当一面的经历。魏延假节封侯时，蒋、杨才升为长史。可魏延虽不是文学艺术作品所描绘的"天生反骨"，却有着致命的缺陷，那就是恃功自傲，不能与同列友善相处，与随军长史杨仪更是如同水火。可见，其不具备总统国政的格局，自然没有进入诸葛亮选拔继承人的视野，甚至有论者认为诸葛亮临终前的撤军安排就是设置的一个消灭魏延的陷阱。

在蒋、杨之间，杨仪的资历和功劳又高出蒋琬。据《三国志·杨仪传》，杨仪早在刘备入蜀之初就得到刘备的赏识而辟为左将军兵曹掾。刘备为汉中王时，二人虽然都供事于尚书台，但刘备升杨仪为尚书，蒋琬仅为尚书郎。后来二人虽然同时选任丞相参军、长史，而"仪每从行，当其劳剧，自惟年宦先琬，才能逾之"[3]。杨仪也自认为资历和才能皆超过蒋琬，当接替诸葛丞相主持蜀汉大政。在斩杀魏延之后，这种心思更加膨胀。史载，

---

[1] 孙启祥：《蜀道三国史研究》，巴蜀书社，2017年，298页。
[2] ［晋］陈寿：《三国志》卷四十《魏延传》，中华书局，2013年，第1004页。
[3] ［晋］陈寿：《三国志》卷四十《杨仪传》，中华书局，2013年，第1005页。

"仪既领军还，又诛讨延，自以为功勋至大，宜当代亮秉政，呼都尉赵正以《周易》筮之，卦得'家人'，默然不悦。"其让赵正卜卦的结果并无升迁之兆。《象辞》："家人，女正位乎内，男正位乎外，男女正，天地之大义也。家人有严君焉，父母之谓也。父父，子子，兄兄，弟弟，夫夫，妇妇，而家道正；正家而天下定矣。"得此卦者，当守道安分，不得有非分妄想。杨仪自然不高兴。而请赵正卜卦本身亦反映出杨仪对"代亮秉政"的渴求。然其确实不具备总统国政的素养和胸怀，其为尚书时"与尚书令刘巴不睦"，任长史时又与大将魏延公开发生冲突。诸葛丞相由此得出"仪性狷狭"的结论，在权衡蒋、杨才德之后而"意在蒋琬"。

实际上，诸葛亮驻节汉中前对宫中和相府的主要官员进行了周密的安排，在《出师表》中对自己的安排非常满意和自信，称"侍中、尚书、长史、参军，此悉贞良死节之臣，愿陛下亲之信之，则汉室之隆，可计日而待也"[①]。《出师表》乃千古宏文，后世收录、注释者多，李善、张铣注"贞良死节之臣"为时任侍中尚书的陈震和参军的蒋琬二人。这里的"贞良死节之臣"并非仅指此二人，而是指一批人，包括侍中郭攸之，侍郎董允，尚书陈震，长史张裔，参军杨仪、蒋琬、费祎等。不过，诸葛亮很早便属意蒋琬为接替自己主持蜀汉国政的人选了。

建兴八年（230），蒋琬接替张裔为长史。诸葛丞相驻节汉中，数次领军北伐，而蒋琬能长期足食足兵，以相供给，以致诸葛丞相每言："公琰托志忠雅，当与吾共赞王业者也。"这无疑是在为蒋琬日后接班进行舆论铺垫和氛围营造。晚年密表后主说："臣若不幸，后事宜以付琬。"这是最终确定，并密奏后主刘禅。

---

① ［晋］陈寿：《三国志》卷三十五《诸葛亮传》，中华书局，2013年，第920页。

只是蜀汉文臣武将，包括蒋琬本人都不知道而已。正是因为众臣不知，才有李福对继任者的详细询问。

> 诸葛亮于武功病笃，后主遣福省侍，遂因咨以国家大计。福往具宣圣旨，听亮所言，至别去数日，忽驰思未尽其意，遂却骑驰还见亮。亮语福曰："孤知君还意。近日言语，虽弥日有所不尽，更来一决耳。君所问者，公琰其宜也。"福谢："前实失不咨请公，如公百年后，谁可任大事者，故辄还耳。乞复请，蒋琬之后，谁可任者？"亮曰："文伟可以继之。"又复问其次，亮不答。福还，奉使称旨。①

诸葛丞相不仅向专使李福明确了自己的继承人是蒋琬，而且还明确了蒋琬的后继者为费祎，费之后是何人则未予回答。

蒋琬从广都长到丞相长史，一直受到诸葛亮的关注和培养。任广都长时，诸葛亮称誉其为"社稷之器"，"为政以安民为本"。任长史时，诸葛亮又赞扬其"托志忠雅"，"与吾共赞王业"。这些评论都暗中指向蒋琬将是主持蜀汉军国大政的人选。可以说，蒋琬就是诸葛亮一手培养起来的接班人。诸葛亮也因此得到后世的称赞，如宋代经学家胡士行评论说："诸葛之储，蒋琬、费祎、董允、姜维，所以为社稷长虑也。"② 宋末四川军政长官李曾伯更是把诸葛之荐蒋琬与萧何之荐韩信相提并论。

> 窃尝观蜀道之人材，稽古初之荐举。惟诸葛之擢蒋琬，至再表其正臣；若鄼侯之拔淮阴，亦数言其国士。

---

① ［晋］陈寿：《三国志》卷四十五《杨戏传》注引《益部耆旧杂记》，中华书局，2013年，第1087页。

② ［宋］胡士行：《尚书详解》卷十，《通志堂经解》本。

乃知两公相去于千载，其待二子皆同于一心。罔俾高风，专美前哲。①

建兴十二年（234）秋，诸葛丞相病故，后主刘禅遵照其遗嘱，升左将军吴懿为车骑将军，假节，镇守汉中。以丞相府长史蒋琬为尚书令，总统国事。②

尚书令是东汉尚书台的长官。尚书初设于西汉初年，是隶属于九卿之少府的文职官员，"掌通章奏而已"。随着专制皇权的加强，到东汉时期，尚书台发展成为完备的中枢决策机构，其长官尚书令"掌选署及奏下尚书曹文书众事"③，集选举、任用、章奏、文书等事权于一体，权力超越三公。故《后汉书》称，"时三府任轻，机事专委尚书"④。然蜀汉时光有尚书令头衔还不是主政大臣，得有"领尚书事""录尚书事""平尚书事"，才是"真宰相"。

蜀汉政治制度是损益东汉而来的，既继承了尚书台之掌理中枢政务，又袭用了"录尚书事"之职典机要。录尚书事是汉朝在中枢官制上的一大创新，最初称作"领尚书事"，后来称作"录尚书事"，或称"视尚书事""平尚书事"，盖视接受者的资历而定。尚书令在当时的事权虽大，其地位却很低，秩奉不过千石，而三公以下秩奉二千石者众多，显然尚书令不足以统领百官。因此，有人上奏指出这项制度的问题。如有位尚书仆射陈忠"以为非国旧体"，在奏疏中说：

---

① ［宋］李曾伯：《可斋杂稿》卷十一，清文渊阁《四库全书》本，台北商务印书馆，1986年。
② ［晋］陈寿：《三国志》卷三十三《后主传》，中华书局，2013年，第897页。
③ ［南朝·宋］范晔：《后汉书》卷一百一十六《百官三》，中华书局，1965年，第3595页。
④ ［南朝·宋］范晔：《后汉书》卷四十六《陈宠传附子忠传》，中华书局，1965年，第1565页。

臣闻"君使臣以礼，臣事君以忠"。故三公称曰冢宰，王者待以殊敬，在舆为下，御坐为起，入则参对而议政事，出则监察而董是非。汉典旧事，丞相所请，靡有不听。今之三公，虽当其名而无其实，选举诛赏，一由尚书，尚书见任，重于三公，陵迟以来，其渐久矣。①

于是，朝廷予以调整，在三公等高官大员之上加以"录尚书事"，既可入内朝参决机务，又能在外朝统领百官，名正言顺地成为总理军国大政的百官之长了。

刘备称帝，法正为首任尚书令，继之以刘巴。后主继位，再授以陈震、李严。然此四位大臣都不是百官之长，而诸葛亮以丞相加"录尚书事"，才是名实相符的主政大臣、百官之长。丞相乃总领百官，录尚书事则参决机要。仅为尚书令，而无"录尚书事""平尚书事"之加官，则非主政大臣。

表4—1　蜀汉尚书令一览表

序号	姓名	原任官职	升任时间	加官	资料来源
1	诸葛亮	丞相	章武元年	录尚书事	《三国志·诸葛亮传》
2	法正	尚书令	建安二十四年	护军将军	《三国志·法正传》
3	刘巴	尚书	建安二十五年	尚书令	《三国志·刘巴传》
4	陈震	尚书	建兴三年	尚书令	《三国志·陈震传》
5	李严	犍为太守	章武二年	尚书令	《三国志·李严传》
6	蒋琬	丞相府长史	建兴元年	行都护，益州刺史，假节	《三国志·蒋琬传》
7	费祎	后军师	延熙二年	大将军，录尚书事	《三国志·费祎传》

---

① [南朝·宋]范晔：《后汉书》卷四十六《陈宠传附子忠传》，中华书局，1965年，第1565页。

续表

序号	姓名	原任官职	升任时间	加官	资料来源
8	董允	侍中	延熙七年	守尚书令,为大将军事职	《三国志·董允传》
9	姜维	后将军	延熙十年	录尚书事	《三国志·姜维传》
10	吕乂	尚书	延熙八年	尚书令	《三国志·吕乂传》
11	陈祗	侍中	延熙十四年	守尚书令	《资治通鉴》
12	董厥	尚书仆射	景耀四年	尚书令、平台事、平尚书事	《资治通鉴》
13	樊建	侍中	景耀四年	守尚书令	《资治通鉴》
14	诸葛瞻	行都护	景耀四年	平尚书事	《资治通鉴》

后主继位,诸葛亮顾命辅政,开丞相府治事,"政事无巨细,咸决于亮"。蜀汉相权达到顶峰,必然导致与君权的矛盾和冲突,只是后主隐忍不发而已。诸葛丞相去世,后主虽然采纳诸葛丞相遗嘱的人事安排,但不愿再以丞相之职授予后继之主政者。尚书令之职自李严被废后的四年间,不曾除授予人,似乎是诸葛亮刻意留待蒋琬的。

蒋琬除尚书令后,再加行都护,假节,领益州刺史。次年(235)四月,进大将军,录尚书事,封安阳亭侯。延熙元年(238),后主诏令蒋琬曰:

寇难未弭,曹叡骄凶。辽东三郡苦其暴虐,遂相纠结,与之离隔。叡大兴众役,还相攻伐。曩秦之亡,胜、广首难。今有此变,斯乃天时。君其治严,总帅诸军屯住汉中,须吴举动,东西掎角,以乘其衅。①

此即蒋琬所奉开大将军府于汉中之诏书。其核心内容是声讨

---

① [晋]陈寿:《三国志》卷四十四《蒋琬传》,中华书局,2013年,第1058页。

魏明帝曹叡之暴虐行径，诏令蒋琬开大将军府于汉中，总帅诸军，掎角东吴，乘衅讨伐。至此，蜀汉才走完蒋琬接替诸葛亮总理国政的全部程序。

汉朝的将军以管理军队、征讨叛逆为本职，其功勋卓著者加一"大"字，称大将军，其地位与三公相同，甚至高于三公。汉武帝以卫青为大将军，录尚书事，从而开启了大将军内决机务、外领百官之先例。其后数次出现以大将军为百官之长的政局。蜀汉沿用此职，授予蒋琬，以总领国政，但直到延熙元年（238），蒋琬移驻汉中时，才开大将军府治事。

诸葛亮去世在蜀汉朝野引发巨大震荡，稳定政局成为蒋琬主政后的首要大事。《三国志·蒋琬传》载：

> 时新丧元帅，远近危悚。琬出类拔萃，处群僚之右，既无戚容，又无喜色，神守举止，有如平日，由是众望渐服。①

这完全是凭着坚毅持重和遇事沉着来稳定人心、稳定政局，并且取得了实际效果，体现了其能成就大事的良好素质。

二、处置魏杨

蒋琬主政后处置的第一件大事就是"魏（延）杨（仪）之争"。虽然处置魏杨之争基本是沿着诸葛亮生前的部署进行的，但后来事件的发展和影响超出了诸葛亮的预计，打上了蒋琬的烙印。

---

① ［晋］陈寿：《三国志》卷四十四《蒋琬传》，中华书局，2013年，第1058页。

第四章　总揽国事　持正公允

杨仪和魏延都是刘备和诸葛亮赏识和重用的人才。

杨仪初为荆州刺史傅群之主簿，后来投奔襄阳太守关羽，被任为功曹，奉命出使成都。刘备与之"语论军国计策，政治得失，大悦之，因辟为左将军兵曹掾"①。诸葛丞相开府，杨仪辟为参军，署府事。其后随诸葛丞相北上汉中，并在建兴八年（230）升任丞相府长史，成为随军出征的第一文臣。

魏延原本为刘备的牙门将军，刘备夺得汉中后，魏延出乎众臣意料的被委任为镇守汉中的主将。魏延在汉中创设"围守"，此防御之法源于《周易》之"重门"，是据地形修筑一座座土围营寨，各围聚粮屯兵，堵截来敌于汉中平原之北；敌人来攻则相互救援，寻机消灭。这种战术既符合蜀汉北疆防线长、地形复杂的实际，又能有效弥补兵力不足的缺陷。②诸葛丞相北伐时，拜魏延为丞相司马，或为前军主将，或独立出征，因功升为征西大将军。

然魏延与杨仪不和，形同水火。《三国志·魏延传》载：

> 延既善养士卒，勇猛过人，又性矜高，当时皆避下之。唯杨仪不假借延，延以为至忿，有如水火。③

另据《三国志·费祎传》，魏延与杨仪交恶，"每至并坐争论，延或举刃拟仪，仪泣涕横集。"④足见，二人之间的矛盾十分尖锐，已经发展到剑拔弩张的地步。

费祎使吴时，孙权问道："杨仪、魏延，牧竖小人也。虽尝

---

① ［晋］陈寿：《三国志》卷四十《杨仪传》，中华书局，2013年，第1004页。
② 孙启祥：《蜀道三国史研究》，巴蜀书社，2017年，第298页。
③ ［晋］陈寿：《三国志》卷四十《魏延传》，中华书局，2013年，第1003页。
④ ［晋］陈寿：《三国志》卷四十四《费祎传》，中华书局，2013年，第1061页。

有鸣吠之益于时务,然既已任之,势不得轻,若一朝无诸葛亮,必为祸乱矣。诸君愦愦,曾不知防虑于此,岂所谓贻厥孙谋乎?"副使董恢答曰:"仪、延之不协起于私忿耳,而无黥、韩难御之心也。今方扫除强贼,混一区夏,功以才成,业由才广,若舍此不任,防其后患,是犹备有风波而逆废舟楫,非长计也。"孙权大笑。诸葛亮闻之,以为知言。未满三日,辟为丞相府属,迁巴郡太守。①

魏杨矛盾已为盟国所闻知,而出使东吴之副使董恢将魏、杨矛盾淡化为"不协",这种"不协"起于个人恩怨,无碍为扫除强贼而各尽其才。诸葛亮十分欣赏董恢的机灵和说法,回国不足三天,便辟为丞相府掾。或许就是受董恢"智言"的影响,诸葛亮让魏、杨各展才能,并为身后二人之冲突预设防备。史称:"亮深惜仪之才干,凭魏延之骁勇,常恨二人之不平,不忍有所偏废也。"②

为充分发挥魏、杨所长,共襄复汉大业,诸葛丞相一再隐忍,还让丞相参军费祎出面从中协调。故终诸葛丞相之世,二人仍能维持和平相处的局面。

随着诸葛丞相的去世,魏、杨之尖锐矛盾迅速上升为武装冲突。

诸葛亮在病中即与长史杨仪、司马费祎、护军姜维等安排身后的撤退计划:秘不发丧。以魏延断后,姜维次之;若延或不从命,军便自发。

杨仪让费祎去试探魏延的意向。魏延明确表示不愿遵循这个撤退计划,还说:"魏延何人,当为杨仪所部勒作断后将乎!"魏延又派人探知杨仪等正按诸葛亮的部署,诸营相次引军还。于

---

① [晋]陈寿:《三国志》卷三十九《董允传》注引《襄阳记》,中华书局,2013年,第986—987页。

② [晋]陈寿:《三国志》卷四十《杨仪传》,中华书局,2013年,第1005页。

是，率先领军撤至斜谷南口，沿途烧毁阁道，并在南口迎击杨仪所部。杨仪令何平（即王平）抵御。何平呵斥魏延道："公亡身尚未寒，汝辈何敢乃尔！"公，指诸葛丞相。魏延所部将士"知曲在延，莫为用命，军皆散"。魏延与其子等数人逃往汉中，被马岱追斩之。

诚如诸葛亮所识，杨仪"性狷狭"，斩杀魏延父子后，亲自以脚践踏魏延首级说："庸奴，复能作恶不！"又夷魏延三族。此纯属假诸葛之遗命报私人之怨恨。

当初魏杨兵戎相向，各自奏报对方反叛，"一日之中，羽檄交至"。后主无法判断究竟是谁反叛，询问侍中董允和留府长史蒋琬，而蒋、董二人都保杨仪而疑魏延。实际上，魏、杨都没有谋反叛国，唯因个人恩怨而引发事变。后主遂派"蒋琬率宿卫诸营赴难北行"①，以武力弹压魏杨事变。但诸营出城才行数十里，魏延被马岱斩杀的消息传来，蒋琬遂引军还成都。

后续对杨、魏的处置多少体现了蒋琬的意见。杨仪还成都，本以为有整旅而还、讨平魏延之功，可以继诸葛丞相总理国政，却被拜为无实权的中军师，"于是怨愤形于声色，叹咤之音发于五内"。军师费祎前去安慰，杨仪竟出反语云："往者丞相亡没之际，吾若举军以就魏氏，处世宁当落度如此邪！令人追悔不可复及。"费祎密奏后主。次年正月，废杨仪为民，徙居汉嘉郡。可杨仪仍然不知悔改，继续上书诽谤，"辞指激切"。后主下令收押，杨仪闻讯自杀。②

蒋琬作为主政大员，自然参与处置杨仪的集议。《三国演义》或许是为了渲染蒋琬之仁厚，在描写对杨仪的处置时，蒋琬没有落井下石，反替杨仪说情："仪虽有罪，但日前随丞相多立功劳，

---

① ［晋］陈寿：《三国志》卷四十《魏延传》，中华书局，2013年，第1004页。
② ［晋］陈寿：《三国志》卷四十《杨仪传》，中华书局，2013年，第1004—1005页。

未可斩也,当废为庶人。"

对蒋琬之处置杨仪,清人何焯认为未必妥当,并提出自己的看法:"稍崇其禄位以答前劳,不亦优乎!自审不能驾驭,唯勿寄以重任可耳。"① 即崇其禄以答其功劳,居其闲以免其扰政。这当然系书生意气。最初授予其中军师,就是崇禄居闲了,而杨仪后来的言语已属叛逆性质,岂可还能崇其禄而居其闲!

魏延镇守汉中十余年,深得朝廷信任和百姓爱戴,在汉中声望颇高。更重要的是,魏延不曾反叛蜀汉政权。陈寿认为,"原延意不北降魏而南还者,但欲除杀仪等。"② 尽管王夫之认为魏延此时未反,难保其得志之后不反,但这只是一种未成事实的推测而已。同样,也可以推测其得志之后更加忠诚蜀汉政权。至今仍有汉中学者认为,魏延案是诸葛丞相为实现身后的权力平稳过渡而刻意制造的冤案。③ 当然,这也不是什么新见解,清人王夫之即持此论。

> 武侯遗令魏延断后,为蒋琬、费祎地也。李福来请,公已授蜀于琬、祎。而必不可使任蜀者,魏延也。延权亚于公,而雄猜难御,琬未尝与军旅之任,而威望不隆,延先入而挟嗣主,琬固不能与争,延居然持蜀于掌腕矣。唯大军退而延不得孤立于外,杨仪先入而延不得为主于中,虽愤激而成乎乱,一夫之制耳。④

后世在汉中出现两处与魏延相关的遗迹:一处是马岱斩杀魏

---

① [清]何焯:《义门读书记》卷二十七《三国志》,清乾隆三十四年刻本。
② [晋]陈寿:《三国志》卷四十《魏延传》,中华书局,2013年,第1004页。
③ 孙启祥:《蜀道三国史研究》,巴蜀书社,2017年,第300—303页。
④ [清]王夫之撰,舒士彦点校:《读通鉴论》卷十《三国》,中华书局,2013年,第285页。

延的虎头桥。地点在清代汉中府城北门外,即今汉中北城刘家巷。相传这里就是马岱斩杀魏延的地点。据乾隆《南郑县志》,"汉中府城北门外里许,有虎头桥,平地列数石,其下并无沟渠,殊不成桥,而流传久远,且立碑焉。"①也就是说,这里实际上没有桥,只有几块石头,因马岱斩杀魏延于此处的传说久远,便立碑标识。乾隆时期尚可见碑之文字,今已不可知晓。据说20世纪初虎头桥的碑上刻着"汉将马岱斩魏延于此"九字,此或即乾隆《南郑县志》记载之碑文。现存石碑是1933年刻立的,上书"古虎头桥"四字。

另一处是安埋魏延的墓葬。此墓与虎头桥相距不远,在汉中府城北门外四里的石马堰。对于这座墓的由来,迄今有两种说法:一是传说是其士兵安葬魏延于南郑北门外,并定居在此长期守护。这完全不是士兵私下能够做到的事,且不说士兵是否敢公然违背蜀汉官方对魏延的处置,就是墓前的石马和文员俑等物件,也不是士兵私下可以做得到的。二是传说蒋琬开府汉中时顺乎汉中民意,表彰有功之臣,修建了魏延墓。此说相对可信。这与蒋琬主政后"追述前功",为不少受到诸葛丞相处罚的官员恢复名位的做法是一致的。虽然不能说这是蒋琬在给魏延平反昭雪,作为诸葛亮的接班人也不可能如此,但这也不失为其稳定局势的一大举措,尤其是稳定魏延长期所在的汉中地区。

蒋琬修建魏延墓并不见魏晋文献记载,但是不仅汉中地区口碑相传,而且见载于乾隆《南郑县志》。

> 按蜀汉南郑侯魏延墓,相传在北门外四里石马堰,有石马立田间,云是墓前故物。延固宿将,有战功,虽末路猖獗,身死族诛。蒋琬原其本意,但欲除杀杨仪,

---

① 清乾隆《南郑县志》卷十六,乾隆五十九年刻本。

不使背叛，当日追讼前劳，必有以礼收葬之事。石马遗迹，传之故老，未必无因。①

民国《续修南郑县志》照录此说，几无更改。② 这些县志编修者还是很严谨的，特别加上了"相传"二字，毕竟魏晋文献没有这个记载。这里记述的蒋琬修建魏延坟墓的理由还是充分的：首先，魏延并没有反叛蜀汉政权，只是欲诛杨仪而已；其次，魏延镇守汉中、出师北伐，功勋卓著。可见，蒋琬修建魏延墓之说还是成立的，应当在延熙年间蒋琬驻节汉中时所为。地点在距魏延被害的虎头桥不远的城北门外四里的石马堰（今人多称石马坡）。

最有意思的还是汉中人给魏延墓前的石马编造了两个流传广泛的故事。

其一，石马夜吃庄稼。传说清末魏延墓前的石马作怪，白天为石马，夜间化真马，啃食当地农夫的庄稼。农夫报告汉中知府，知府委托高僧整治，遂将石马四足打断，弃之坡上，人们因此称这里为石马坡。这个故事虽然怪异，但残缺的石马确实在1973年才被收藏于汉中博物馆，并在其后修复了四足。

其二，墓前石像有诸葛亮。汉中人口口相传，魏延被三个人谋害而冤死，以致墓前有三个翁仲，分别是杨仪、马岱和诸葛亮。这个说法太过离谱，如果魏延墓真的是蒋琬修建，蒋琬绝对不会如此处理。其实，翁仲或许不止三尊，汉魏时期将相墓前树立翁仲是普遍现象，绵阳蒋琬墓前至今仍然保存着这样的石雕。魏延身为征西大将军，加封南郑侯，蒋琬依礼而葬，自然会在墓前配置翁仲、石马等物件。

---

① 清乾隆《南郑县志》卷十，乾隆五十九年刻本。
② 民国《续修南郑县志》卷五，民国十年刊本。

三、持正公允

延熙元年（238），蒋琬出屯汉中，开大将军府治事，从而开启了蜀汉内政外交的新局面。

蒋琬大将军府的构成是诸葛丞相府的延续。按照东汉的规制，大将军开府则开建衙署，设置官属，"有长史一人，司马一人，从事中郎二人，掾属二十九人，令史及御属三十一人；又赐官骑四十人及鼓吹。（应邵曰：鼓吹二十人，非常员。）"[1] 不过，"蜀虽承汉，命官制度间亦变更"[2]。在三国这样的特殊时代，大将军府官属未必按此编制配置。当时蜀汉与曹魏都曾以大将军总统国政，如曹魏以司马懿为大将军，亦只置曹掾十人，而无其他属官。

蒋琬大将军府的官属设置与东汉之大将军府的官属设置没有继承关系，与同时之曹魏大将军府也无关联性，而与刘备左将军大司马府、诸葛亮丞相府有相续性。

刘备定成都，在原"左将军"上加"大司马"，开大司马府治事。据清人洪饴孙《三国职官表》，"先主为大司马时，府中置前部、后部司马，复置营司马。"其时刘备虽然尚未称王称帝，但所据巴蜀和部分荆州之地实为一个独立王国。国与府一体，刘备属下所有官员皆可视为大司马府官属。

蒋琬初开大将军府于汉中，旋升大司马府，其官属和权力却无法与刘备之大司马府相提并论，成都的后主才是蜀汉最高权力执掌者。蒋琬之大司马府更接近诸葛亮之丞相府，唯诸葛丞相权力太大、地位太高，故其官属配置和权力配置自然会有所减损。

---

[1] ［宋］马端临：《文献通考》卷五十九《职官考十三》，中华书局，1991年，第533页。

[2] ［清］杨晨：《三国会要》卷首《叙例》，中华书局，1998年，第1页。

诸葛亮开丞相府,其官属还是明确的,有长史、参军、曹掾、主簿、令史等。蒋琬之大将军府应该配备了这些官属,不过魏晋史载明确为蒋琬大将军府或大司马府的官属只有四人:王平、姜维、杨戏和李福。

延熙元年(238)十二月,"更拜王平以前护军署大将军府事,尚书仆射李福为前监军领大将军司马"①。署府事是尚未正名的长史,司马则是大将军的最高军事属员。

据《三国志·姜维传》,延熙二年(239)三月,蒋琬升为大司马。同时,姜维升为司马。由于李福去世,姜维接替此职。

据《三国志·蒋琬传》,杨戏为大将军府东曹掾,时间在延熙元年(238)十一月。

至于其他官属,《三国志》失载,现已无从知晓了。

修正和调整诸葛规制是蒋琬执政后一项十分低调的工作。陈寿评论蒋琬、费祎道:

> 蒋琬方整有威重,费祎宽济而博爱,咸承诸葛之成规,因循而不革,是以边境无虞,邦家和一,然犹未尽治小之宜,居静之理也。②

古今历史学者皆据此认定,蒋、费主政"承诸葛之成规,因循而不革",全面继承了诸葛亮确定的奋斗目标和规章制度。其实,这是一种误识。蒋、费不仅修正和调整了诸葛之"成规",而且幅度还相当大,只不过没有大张旗鼓,而是悄然无声地进行。

《三国志》中未见蒋琬评论诸葛亮功过是非的只言片语,但

---

① [晋]常璩著,刘琳校注:《华阳国志》卷七《后主志》,成都时代出版社,2007年,第304页。按:《三国志》作十一月。

② [晋]陈寿:《三国志》卷四十《姜维传》,中华书局,2013年,第1069页。

这并不意味着蒋琬对诸葛亮的知遇不知图报，对诸葛亮的政策没有看法，只是作为诸葛亮培养的接班人，不当对诸葛亮妄加评论。可以肯定，他对诸葛亮的功过是非了如指掌，而体现在政策和措施上，则是对诸葛亮的内政外交政策进行了不少修正和调整。这当然不是对诸葛亮创制之功的否定，而是因时变通。

首先，主动放弃一人独专，荐引同僚"共政"。诸葛亮原本与李严共同辅佐后主，继而罢免李严而独政，生杀赏罚集于一身，以致身后遭到李邈的攻击。蒋琬尽管遵诸葛亮遗嘱执掌国政，却不独断专行，而是引费祎、董允、姜维等共同执政。

延熙二年（239），费祎接任尚书令，参与机务。延熙六年（243），姜维"迁镇西大将军，凉州刺史"[①]，主管军事工作。延熙七年（244），董允"以侍中守尚书令，为大将军费祎副贰"[②]。从而形成了执政班子。

蒋琬去世后，费祎沿袭了蒋琬的这一做法，加卫将军姜维"共录尚书事"，共决国政。其"共政"并非停留在表面上，而是落到实处。据《三国志·后主传》，延熙四年（241）十月，"尚书令费祎至汉中，与蒋琬谘论事计，岁尽还。"[③] 随后蜀汉内政外交战略的改变，表明这次汉中"谘论事计"决定了蜀汉战略的基本走向。

其次，起用有过错之人，包容意见相左者。诸葛亮专政，对于有过错的官员颇有无情打击之嫌，如违众而斩马谡，远虑而诛刘封，忤意而废向朗、费诗、廖立、李邈等。其中，向朗堪称一时之俊才，惜弃之不用，"自去长史，优游无事垂三十年"，"开

[①] ［晋］陈寿：《三国志》卷四十四《姜维传》，中华书局，2013年，第1064页。

[②] ［晋］陈寿：《三国志》卷三十九《董允传》，中华书局，2013年，第986页。

[③] ［晋］陈寿：《三国志》卷三十三《后主传》，中华书局，2013年，第897页。

门接宾,诱纳后进,但讲论古义,不干时事"①,对诸葛主政颇为失望。其临终遗言尤有深意:

> 朗遗言戒子曰:《传》称师克在和不在众,此言天地和则万物生,君臣和则国家平,九族和则动得所求,静得所安,是以圣人守和,以存以亡也。吾,楚国之小子耳,而早丧所天,为二兄所诱养,使其性行不随禄利以堕。今但贫耳;贫非人患,惟和为贵,汝其勉之!②

这不是简单的戒子遗言!如果仅仅是为了训诫子嗣,那么后半段足矣。其前半段是在为"守和"引经据典,也是在劝谏执政者"守和",认为存亡所系,"惟和为贵"。或有以"严法而治乱"为诸葛丞相辩护,然诸葛亮处理车骑将军刘琰"与前军师魏延不和,言语虚诞"又如此宽大:遣回成都,"官位如故"。③

蒋琬主政,一改诸葛丞相用人之成规,对有创业之功而受到罢免者恢复其官位,并包容与己意相左的属僚。长史向朗因马谡逃亡而知情不报被罢免;蒋琬秉政时"追论旧功,封显明亭侯,位特进"。费诗因反对刘备称王而被贬官,在随诸葛丞相南征时又因反对诸葛丞相联络孟达而失去其信任;蒋琬秉政,起用为谏议大夫。来敏在诸葛丞相驻守汉中时请为军祭酒、辅军将军,以"语言不节,举动违常"而罢免④;蒋琬秉政,起用为大长秋。

《三国志·蒋琬传》记载了蒋琬的两个故事,即宽容杨戏的

---

① [晋]陈寿:《三国志》卷四十一《向朗传》,中华书局,2013年,第1010页。

② [晋]陈寿:《三国志》卷四十一《向朗传》注引《襄阳记》,中华书局,2013年,第1010页。

③ [晋]陈寿:《三国志》卷四十《刘琰传》,中华书局,2013年,第1001-1002页。

④ [晋]陈寿:《三国志》卷四十二《来敏传》,中华书局,2013年,第1025页。

无礼和不计较杨敏的诋毁。古往今来，研究者多从道德角度称颂蒋琬的仁厚大度，清朝左绵书院斋长唐存一还在《李刺史修复蒋恭侯祠墓落成》诗中赞颂蒋琬云："小心自可襄诸葛，大度尤能恕二杨。"实际上，这也是蒋琬持正公允的一种体现。

杨戏，字文然，犍为武阳（今四川彭山）人。早年深得诸葛丞相亮赏识，从益州书佐升为督军从事，再选入丞相府主簿。蒋琬领益州刺史，请为治中从事。旋为蒋琬大将军府东曹掾，成为大将军府重要官属。

蒋琬与之讨论问题，杨戏有时不予应答。有人想构陷杨敏，对蒋琬说："公与戏语，而不见应，戏之慢上，不亦甚乎！"蒋琬却回答："人心不同，各如其面，面从后言，古人之所诫也。戏欲赞吾是邪，则非其本心，欲反吾言，则显吾之非，是以默然，是戏之快也。"可见蒋琬对下属不敬行为的理解，不但不予处罚，连责怪的意思也没有。

督农杨敏曾诋毁蒋琬之主政，说："作事愦愦，诚非及前人。"蜀汉之督农"主屯田，供给军粮"[①]，实为北疆驻军的军粮专官。有好事者报给蒋琬，有僚属建议惩治杨敏，蒋琬却说："吾实不如前人，无可推也。"这里的"前人"指诸葛亮。这位僚属又提议诘问杨敏所言之"愦愦"之状，蒋琬亦予以拒绝，说："苟其不如，则事不当，理事不当，理则愦愦矣。复何问邪？"后来杨敏犯事系狱，众人担心蒋琬可能借机报复，置其于死地，岂料蒋琬却免其重罪，从轻发落。足见蒋琬之谦逊和大度。

否定前人，可以说是新人主政的一大共性。蒋琬贵有自知之明，一直持正公允、谦虚低调地执掌蜀汉大政，对诸葛丞相之主政措施从无微词，只是根据内外局势加以调整而已。蜀汉也因此出现经济发展、社会安定、人民安乐的短暂局面。陈寿称之为

---

① ［清］杨晨：《三国会要》卷十九《食货》，中华书局，1998年，第351页。

"边境无虞,邦家和一",同时亦责备其"犹未尽治小之宜,居静之理"。裴松之认为陈寿此评尚有偏颇,不赞成陈寿对蒋、费之治的责备性评论。

> 臣松之以为蒋、费为相,克遵画一,未尝徇功妄动,有所亏丧,外却骆谷之师,内保宁缉之实,治小之宜,居静之理,何以过于此哉!今讥其未尽而不著其事,故使览者不知所谓也。①

四、蒋费共治

受诸葛丞相临终遗嘱的影响,后世不少三国历史论者以为诸葛亮之后,蒋琬、费祎、董允、姜维次第为相,主持蜀汉朝政,如元人陈栎论蜀汉兴亡道:"孔明所荐用诸贤,如费祎、蒋琬、董允相继秉政,犹足支持。诸贤既尽,而奸阉始用,蜀事始日非焉。"②其实,诸贤"相继秉政"是对蜀汉历史的误识。

其一,蒋琬、费祎、董允等人都未被授予过丞相或相国之官职。尽管唐宋以来总有学者将他们称为"相",但蜀汉的历史上,丞相只授予过诸葛亮一人。诸葛亮去世后,丞相之职不再授予别人。盖后主不欲令后来的主政大臣在官称和权位上与诸葛亮等齐耳。

其二,诸葛遗嘱并未提及董允和姜维。《三国演义》对诸葛遗嘱加以增饰,有"国家旧制不可改易,吾所用之人亦不可轻废。吾兵法皆授与姜维,他自能继吾之志,为国家出力"等语,把姜维纳入诸葛遗嘱指定之人。事实上,中使李福问及丞相之后

---

① [晋]陈寿:《三国志》卷四十四《论赞》,中华书局,2013年,第1069页。
② [元]陈栎:《历代通略》卷一《蜀》,影印文渊阁《四库全书》本,台北商务印书馆,1986年。

"谁可任大事者"，诸葛亮的回答是"公琰其宜也"。李福"复请蒋琬之后"，诸葛亮明确相告，"文伟可以继之"。李福再问费祎之后，"亮不答"。只字未及董允和姜维。

其三，四人主持朝政并非先后相续。蒋琬主政期间，董允以侍中主管宫禁，姜维以镇西大将军主管军事，不过董、姜二人尚未获得"大司马""大将军""平尚书事"等参决大政的名号；而董允与蒋琬都在延熙九年冬天去世，自然无相继主政的可能。唯费祎不仅有"大将军"这一主政大臣的名号，而且有与蒋琬共主国政的事实。这也是此时蜀汉政局的一大特色。

蒋琬主政与诸葛亮主政最大的不同，就是引费祎共同主持蜀汉国政。蜀汉国政在诸葛亮时期可以概括为"一人独断"，史谓"政事无巨细，咸决于亮"，以致曾为丞相参军的李邈在诸葛亮去世后指斥诸葛亮为"臣惧其逼，主惧其威"的权臣。[①] 而蒋琬时期则变成了"蒋费共治"，即蒋琬与费祎共同主持蜀汉国政。尤其是费祎升任大将军、蒋琬为大司马以来，二人几乎处于平等的政治地位，而且费祎操持的具体政务更多些。

蜀汉出现"蒋费共治"的局面，既是诸葛丞相的有意安排，也有蒋、费二人身体条件和政治素质方面的原因。诸葛丞相自开府以来就在有意发现和培养国家的栋梁人才。蒋琬持正公允、仁厚大度，确实是总理国政的股肱之才，却不是治国的全能之才，尤其是其长期远离军事斗争和外交工作一线。不能不说，这是蒋琬作为主政人物的一大缺陷。因而，诸葛丞相在北伐时期重点锻炼费祎的综合协调能力，刻意培养姜维的军事指挥才能，以弥补蒋琬主政之缺陷。

费祎是长期以来为研究者所忽略的蜀汉重臣，其综合能力和

---

① ［晋］陈寿：《三国志》卷四十五《杨戏传附季汉辅臣赞》，中华书局，2013年，第1086页。

政治贡献都不在蒋琬之下。费祎,字文伟,江夏郡鄏县(治今河南罗山境内)人。早在刘璋据蜀时便随叔父寓居成都,且已闻名一方。刘备建立蜀汉政权后,费祎为太子刘禅官属,初授太子舍人,再升庶子。后主继位,又由太子侍从变成皇帝侍臣,为黄门侍郎。诸葛亮南征凯旋时,群僚至成都郊外数十里相迎。诸葛亮特令费祎与之同载入城,费祎由此名声大振。在其后的内政外交中,费祎表现出非凡的政治素养和外交能力。

在协调杨仪与魏延的关系中,费祎表现出极好的协调能力。诸葛亮北伐,杨仪和魏延堪称其左膀右臂。魏延都督汉中军事,智勇兼备,战功赫赫,有论者称其为蜀汉的"北疆长城"[1]。杨仪则位居丞相行军长史,颇得诸葛亮赏识。"亮数出军,仪常规画分部,筹度粮谷,不稽思虑,斯须便了。军戎节度,取办于仪。亮深惜仪之才干。"[2] 然魏、杨二人之关系形同水火。费祎从中斡旋,使其各尽其长,皆建功于北伐。

> 建兴八年,转为中护军,后又为司马。值军师魏延与长史杨仪相憎恶,每至并坐争论,延或举刃拟仪,仪泣涕横集。祎常入其坐间,谏喻分别,终亮之世,各尽延、仪之用者,祎匡救之力也。[3]

在出使孙吴的对答中,费祎体现出卓越的外交才能。蜀、吴双方虽为盟友,但都不时有招降纳叛的现象,而并没有影响到盟友关系。诸葛亮南征后,费祎出使孙吴,以报孙吴张温之使蜀。费祎与孙吴君臣对答,"辞顺义笃,据理以答,终不能屈",尽显

---

[1] 孙启祥:《蜀道三国史研究》,巴蜀书社,2017年,第298页。
[2] 〔晋〕陈寿:《三国志》卷四十《杨仪传》,中华书局,2013年,第1005页。
[3] 〔晋〕陈寿:《三国志》卷四十四《费祎传》,中华书局,2013年,第1061页。

其智慧与机敏，深得孙权器重，预言其将是蜀汉未来的股肱。孙权对费祎说："君天下淑德，必当股肱蜀朝，恐不能数来也。"在其后的北伐期间，费祎又"频烦至吴"。①

> 孙权每别酌好酒以饮祎，视其已醉，然后问以国事，并论当世之务，辞难累至。祎辄辞以醉，退而撰次所问，事事条答，无所遗失。
>
> 权乃以手中常所执宝刀赠之，祎答曰："臣以不才，何以堪明命？然刀所以讨不庭、禁暴乱者也。但愿大王勉建功业，同奖汉室，臣虽暗弱，终不负东顾。"②

在同事的评论中，费祎具有极强的断事能力。董允早年与费祎齐名，同时拜为太子舍人。诸葛亮在《出师表》中将费祎、董允并称。董、费二人彼此了解颇深，而董允对费祎之能力评价颇高。

> 于时军国多事，公务烦猥。祎识悟过人，每省读书记，举目暂视，已究其意旨，其速数倍于人，终亦不忘。常以朝晡听事，其间接纳宾客，饮食嬉戏，加之博弈，每尽人之欢，事亦不废。董允代祎为尚书令，欲效祎之所行，旬日之中，事多愆滞。允乃叹曰："人才力相县若此甚远，此非吾之所及也。听事终日，犹有不暇尔。"③

---

① ［晋］陈寿：《三国志》卷四十四《费祎传》，中华书局，2013年，第1060-1061页。
② ［晋］陈寿：《三国志》卷四十四《费祎传》注引《祎别传》，中华书局，2013年，第1061页。
③ ［晋］陈寿：《三国志》卷四十四《费祎传》注引《祎别传》，中华书局，2013年，第1061页。

延熙十二年（249）初，曹魏顾命大臣司马懿发动"高平之变"，诛杀另一位顾命大臣曹爽。费祎创作《甲乙论》以评其是非，即设定两个截然相反的观点来讨论"高平之变"：

> 甲以为曹爽兄弟凡品庸人，苟以宗子枝属，得蒙顾命之任，而骄奢僭逸，交非其人，私树朋党，谋以乱国。懿奋诛讨，一朝殄尽，此所以称其任，副士民之望也。
>
> 乙以为懿感曹仲附己不一，岂爽与相干？事势不专，以此阴成疵瑕。初无忠告侃尔之训，一朝屠戮，挽其不意，岂大人经国笃本之事乎！若爽信有谋主之心，大逆已构，而发兵之日，更以芳委爽兄弟。懿父子从后闭门举兵，蹙而向芳，必无悉宁，忠臣为君深虑之谓乎？以此推之，爽无大恶明矣。若懿以爽奢僭，废之刑之可也，灭其尺口，被以不义，绝子丹血食，及何晏子魏之亲甥，亦与同戮，为僭滥不当矣。①

甲论肯定司马懿之诛曹爽是为民消患、为国除奸的正当行为；乙论则认为司马懿之诛曹爽是"僭滥不当"的不义之举。两论体现了费祎敏锐的思辨能力，以及其忠诚国家、爱护生命的治国理念。

费祎还具有清正廉洁、处变不惊的优秀品质。史称，"祎雅性谦素，家不积财，儿子皆令布衣素食，出入不从车骑，无异凡人。"这反映出费祎之清廉。而在"兴势之役"中则表现出其遇事之沉着冷静。延熙七年（244），魏军次于兴势。费祎假符节，

---

① ［晋］陈寿：《三国志》卷四十四《费祎传》注引《祎别传》，中华书局，2013年，第1061页。

率军援救汉中。临行，光禄大夫来敏前来送别，并求共围棋。"于时羽檄交驰，人马擐甲，严驾已讫，祎与敏留意对戏，色无厌倦。敏曰：'向聊观试君耳！君信可人，必能办贼者也。'"① 祎至汉中，曹军北撤。

蒋琬除没有直接参与过对曹战争外，还有一个无法解决的问题，那就是其身体多病。蒋琬开大将军府于汉中时，拟定了"东征兴庸"的计划，并开始了顺水东下的准备工作，可没有付诸实施，一个重要原因就是"旧疾连动，未时得行"。当东征计划被朝议否决后，蒋琬与前来汉中的费祎、姜维商定国家大计，决定内迁涪城，在奏疏中再次提及自己身患重病，所谓"臣既暗弱，加婴疾疢，规方无成，夙夜忧惨"。以致在其后的"兴势之役"中，身居涪城的蒋琬已无法率军赴援，而由尚在成都的费祎带兵前往。可见，其病情已严重到了无法操持军国政务的地步。蒋琬为人谦逊大度，于是主动向费祎交付主政大权，从而形成了"蒋费共治"的局面。

延熙元年（238）冬，蒋琬开大将军府于汉中，次年升为大司马，而以费祎为尚书令，迈出了"蒋费共政"的第一步。

延熙四年（241）冬，后主命尚书令费祎与司马姜维到汉中，与蒋琬"谘论事计"，商讨蜀汉军国大事。

延熙六年（243）冬，大司马蒋琬自汉中移驻涪城，尚书令费祎升为大将军，与蒋琬共同执掌国政。

延熙七年（244）夏，在"兴势之役"中，费祎督成都、涪城诸军赴援汉中，蜀军最终获胜。蒋琬又主动上疏后主，坚持辞让益州刺史于费祎。可以说，费祎自此正式主持国政。他或留居成都，与董允等共同辅政；或出巡汉中"围守"，与王平等布置

---

① ［晋］陈寿：《三国志》卷四十四《费祎传》，中华书局，2013年，第1061页。

防御。病中的蒋琬实际参决朝政者越发稀少。

延熙九年（246）十一月，蒋琬病故。费祎又引姜维等共同执掌朝政。

实际上，在蒋琬与费祎共政的这几年间，董允亦是参决蜀汉朝政的重要成员。董允系掌军中郎将董和之子。诸葛丞相北伐时特安排董允与郭攸之、费祎匡正后主宫闱，认为"宫中之事，事无大小，悉以咨之，然后施行，必能裨补阙漏，有所广益"。遂授予董允侍中，兼领虎贲中郎将，统率宫中宿卫亲兵。

延熙七年（244），蒋琬上疏让费祎及董允参决大政。后主应蒋琬所请，授董允"以侍中守尚书令，为大将军费祎副贰"①，确定董允为主政大臣费祎的副手。惜其年不永，几乎与蒋琬同时去世。

董允长期在成都侍从刘禅，对于抑制后主之贪欲奢心和黄皓之干扰朝政颇有成效，《华阳国志》将他与诸葛亮、蒋琬、费祎合称"四英"。

延熙二年至九年，蜀汉国政是由蒋琬和费祎共同主持的，而且由于蒋琬外居汉中、涪城，多在成都的费祎对蜀汉朝政的影响更大。正因如此，历史学家总是把蒋、费相提并论。常璩《华阳国志》载："于时蜀人以诸葛亮、蒋、费及允为四相，一号四英。"② 郝经在《续后汉书》中评议说："末帝奉昭烈之命，令诸葛南征北伐，卒信讨贼之义。亮没而继用蒋、费，终亮遗意，维持宗社四十余年。"③

---

① ［晋］陈寿：《三国志》卷三十九《董允传》，中华书局，2013年，第985－986页。

② ［晋］常璩撰，刘琳校注：《华阳国志》卷七《刘后主志》，成都时代出版社，2007年，第308页。

③ ［元］郝经：《续后汉书》卷三《末帝纪》，影印文渊阁《四库全书》本，台北商务印书馆，1986年。

第五章 审时度势 调整战略

陈寿评论蒋琬、费祎说:"蒋琬方整有威重,费祎宽而博爱,咸承诸葛之成规,因循而不革。"① 这给后世留下了蒋琬、费祎等恪守诸葛亮的内政外交政策的印象。实际上,诸葛亮的后继者们并未照搬其内政外交政策,而是进行了较为全面的修正。

作为诸葛亮的首任继承者,蒋琬率先对其内政外交政策进行了调整。

蒋琬总理国政十余年,先驻节汉中,后内移涪城,几乎没有在蜀汉政治中心成都停留,但并非没有参与蜀汉内部重大事件的决策,史称:"自琬及祎,虽自身在外,庆赏刑威,皆遥相谘断,然后乃行,其推任如此。"② 可见,蒋琬和费祎虽然身在外地,而蜀汉的"庆赏刑威,皆遥相谘断",只不过其主要精力都投向了对魏攻防上。

后主延熙六年(243),蒋琬上疏曰:

> 芟秽弭难,臣职是掌。自臣奉辞汉中,已经六年,臣既暗弱,加婴疾疢,规方无成,夙夜忧惨。今魏跨带

---

① 〔晋〕陈寿:《三国志》卷四十四《姜维传》,中华书局,2013年,第1069页。
② 〔晋〕陈寿:《三国志》卷四十四《费祎传》,中华书局,2013年,第1062页。

九州，根蒂滋蔓，平除未易。若东西并力，首尾掎角，虽未能速得如志，且当分裂蚕食，先摧其支党。然吴期二三，连不克果，俯仰惟艰，实忘寝食，辄与费祎等议，以凉州胡塞之要，进退有资，贼之所惜；且羌、胡乃心思汉如渴，又昔偏军入羌，郭淮破走，算其长短，以为事首，宜以姜维为凉州刺史。若维征行，衔持河右，臣当帅军为维镇继。今涪水陆四通，惟急是应，若东北有虞，赴之不难。①

这是蒋琬在与费祎等讨论后制定的蜀汉后期对魏战略的纲领性文件。它客观地分析了曹魏地跨九州、平除不易的实际形势，正式提出了"东西并力""分裂蚕食""摧其支党"的对魏策略。其具体措施是以姜维为雍州刺史，利用羌、胡少数民族力量，衔持河右，而自己则移驻涪城，应援东、北两面之军急。

蒋琬、费祎主政后蜀汉已不再是求发展，而是求生存。应该说，这个战略构想是切合魏、蜀实际的，因而被迅速付诸实施，即放弃北伐秦川，筹划东征兴庸，出兵西北凉州。

一、放弃北伐

"六出祁山"是我们耳熟能详的三国故事。这并非完全出于《三国演义》等文学艺术作品的虚构渲染，历史上诸葛亮确实多次主导北伐。据《三国志·诸葛亮传》记载，诸葛亮曾五次率军北伐秦川。

建兴六年（228）春，诸葛亮率大军出祁山（今甘肃礼县祁

---

① ［晋］陈寿：《三国志》卷四十四《蒋琬传》，中华书局，2013年，第1059页。

山乡），魏延率偏师出骆谷，陇右南安、天水和安定三郡反魏附蜀。魏明帝派骁将张郃抵抗，大破马谡于街亭。诸葛亮乃拔西县千余家，退还汉中。

建兴六年（228）冬，诸葛亮再"蜀门"出散关，围攻陈仓（今陕西宝鸡），因粮尽而退还汉中。魏将王双追击，被蜀军斩杀。

建兴七年（229）春，诸葛亮命护军陈式率偏师攻取武都（今甘肃陇南武都）和阴平（今甘肃文县）。魏军大将郭淮率军赴援。诸葛亮自统大军到建威（今甘肃西和境内）。郭淮被迫回师。诸葛亮遂拔两郡民众以归汉中。

建兴九年（231）春，诸葛亮亲率大军出祁山，并以木牛运输军粮。司马懿都督关中魏军诸将出拒。六月，诸葛亮以粮尽退军，并在木门（今甘肃天水西南牡丹乡木门村）设伏射杀魏军骁将张郃。

建兴十二年（234）春，诸葛亮再统大军出斜谷道，占据武功五丈原（今陕西岐山境内），与司马懿所部魏军对峙于渭水之滨。蜀军在此屯田以期建立长期固守的基地。八月，诸葛亮病卒军中。蜀军护柩退兵。

综观五次北伐，至少有三次直接因为"道险运艰"而无功。第二次北伐，蜀军围攻陈仓，久攻不下，"粮尽而还"，被迫撤回汉中。第四次北伐，蜀军出祁山，诸葛亮特别担心粮运问题，结果还是因"粮尽退军"。负责后勤保障的中都护李平以"粮运不继"[①]引发的问题而被废为庶人。第五次北伐，诸葛亮"每患粮不继，使己志不申，是以分兵屯田，为久驻之基"[②]，正是为了彻底解决粮运问题而驻扎渭南，实行屯田，试图建立长久性的军

---

① ［晋］陈寿：《三国志》卷四十《李严传》，中华书局，2013年，第999页。
② ［晋］陈寿：《三国志》卷三十五《诸葛亮传》，中华书局，2013年，第924—925页。

事基地,惜其病故而无功。

作为丞相府参军、长史,蒋琬自然清楚诸葛亮五次北伐功败垂成的原因,何况他还亲临过汉中基地。

建兴元年(223),诸葛亮始开丞相府,总统蜀汉国政。蒋琬便是首批入府幕僚之一,并担任要职东曹掾。

诸葛亮出征南中,蒋琬以丞相参军身份随军南下。

建兴五年(227)春,诸葛亮进驻汉中,开始北伐秦川的准备工作。蒋琬与长史张裔主持丞相府的日常政务。

既往研究根据《三国志》相关记载强调蒋琬为丞相府"留居"官员。其实,无论是"留居"还是"随征",对北伐的成败得失都是相当清楚的,何况蒋琬还不时往返于汉中与成都之间,协调后方与前线的事务。第一次北伐后,他就曾在汉中劝谏诸葛亮斩马谡。

建兴八年(230),蒋琬接替张裔为丞相府长史,全面负责北伐大军的后勤保障工作,并因此得到诸葛亮的赞赏,每言:"公琰托志忠雅,当与吾共赞王业者也。"

建兴十二年(234)秋,诸葛亮临终前,又密嘱蒋琬为继承人。

可见,蒋琬直接或间接参与了五次北伐的全过程,自然对北伐秦川的利弊得失了然于胸,这必然影响其主持军国大政后的内外政策。

在对魏政策上,蒋琬鉴于"连年动众,未能成功"的结果,大胆修正了诸葛亮的对魏方针。

三国之中,蜀汉国力最弱。史称"九州之地,魏有其七",而蜀仅有其一。仅从人口统计看,蜀亡时,蜀汉人口才94万,孙吴有230万,而曹魏达443万。再从人才看,陈寿在《魏书》中为曹魏夏侯惇以下103人立传,而在《蜀书》中为蜀汉诸葛亮以下56人立传。仅此两项,已可见蜀汉综合国力远不足以支撑其北伐曹魏。

曹魏谋臣刘晔在关羽惨败后预测刘备是否出兵报复孙吴时指出:"蜀虽狭弱,而备之谋欲以威武自强,势必用众以示其有余。且关羽与备,义为君臣,恩犹父子,羽死不能为兴军报敌,于终始之分不足。"① 敌国谋臣尚知道蜀汉国力不足以东征孙吴,唯以威武自强而已。

孙吴智士张俨在对比诸葛亮与司马懿时说:"诸葛丞相诚有匡佐之才,然处孤绝之地,战士不满五万,自可闭关守险,君臣无事。空劳师旅,无岁不征,未能进咫尺之地,开帝王之基,而使国内受其荒残,西土苦其役调。"② 孙吴谋臣亦知蜀汉国力不足支撑其北伐曹魏。

蜀汉集团内部自然也清楚,如姜维北伐时副帅张翼以"国小民劳,不宜黩武"相劝,廖化则以"兵不戢,必自焚"指责姜维穷兵黩武。

既然敌我友三方都明白蜀汉国力不足以征伐,以诸葛亮之智慧岂会不知!可他为什么仍要坚持北伐呢?《后出师表》中给出了答案:

> 以先帝之明,量臣之才,故知臣伐贼才弱敌强也;然不伐贼,王业亦亡,惟坐待亡,孰与伐之?是故托臣而弗疑也。③

由此可知,诸葛亮是明知实力不济,仍然坚持北伐:坐以待

---

① [晋] 陈寿:《三国志》卷十四《刘晔传》,中华书局,2013年,第446页。
② [晋] 陈寿:《三国志》卷三十五《诸葛亮传》注引张俨《默记》,中华书局,2013年,第935页。
③ [晋] 陈寿:《三国志》卷三十五《诸葛亮传》注引《汉晋春秋》,中华书局,2013年,第923页。

亡，不如攻伐。因而，他不再顾忌胜败得失，即所谓："臣鞠躬尽力，死而后已，至于成败利钝，非臣之明所能逆睹也。"清代学者王夫之正是依据《后出师表》，认为诸葛亮坚持北伐的原因在于"以攻为守"。

> 夫公固有全局于胸中，知魏之不可旦夕亡，而后主之不可起一隅以光复也。其出师以北伐，攻也，特以为守焉耳。以攻为守，而不可示其意于人，故无以服魏延之心而贻之怨怒。①

当然，调整对魏政策这样重大的事情也不是蒋琬一人可以决定的。延熙四年（241）十月，"尚书令费祎至汉中，与蒋琬谘论事计，岁尽还"②。蜀汉国政的两位决策大员及姜维在汉中"谘论事计"达两三个月之久，虽然《三国志》和《华阳国志》都没有交待他们研究讨论的主题是什么，但可以肯定会涉及蜀汉当前和未来的内政外交政策，而且对魏政策略应当是其研究讨论的首要问题。

蒋琬在随后的奏疏中还特别提到"辄与费祎等议"。足见，蜀汉本轮内外政策的调整不是蒋琬个人的主张，也不是蒋、费、姜等几位重臣的决定。专程自成都而来的费祎应当代表了在朝谋臣的集议意见，尤其是体现了后主刘禅的旨意。

罗开玉等在《三国蜀后主刘禅新论》中指出，蒋琬在汉中并非要真正北伐，他只是摆出北伐架势而已，并指出这是后主的意

---

① [清]王夫之著，舒士彦点校：《读通鉴论》卷十《三国》，中华书局，2013年，第280页。
② [晋]陈寿：《三国志》卷三十三《后主传》，中华书局，2013年，第897页。

思。① 这个见解是正确的，刘禅并不像戏剧小说里描绘的那样一无是处，他有着自己的一套主张和策略。

随后蒋琬便开始内移涪城的准备工作，派遣姜维率偏师先移驻涪城。六年冬，蒋琬正式驻节涪城，并开始同费祎进行权力交接工作。因而，可以确定蜀汉后期内外政策的基本走向就是蒋、费根据后主的意思在汉中会商后确定下来的。

蒋琬和费祎既然是诸葛亮规制的继承者，对于诸葛亮的内政外交政策只能根据时局变化进行适当调整，不能大刀阔斧地修改。否则，不仅会遭到蜀汉朝野的反感和反对，而且会影响到蜀汉内部的团结和稳定，进而影响到自己执政地位的稳固。因而，在以魏为敌对、视吴为盟友的总体战略不变的情况下，其对外策略则悄然改变，集中体现在两个方面：一是由"北伐秦川"变为"东图兴庸"，二是由"谋取关中"变为"衔持河右"。

二、东图兴庸

魏兴，本名西城县，隶属汉中郡。东汉建安二十年（215），曹操攻取汉中，析汉中郡东部之安阳县（今陕西石泉）、西城县（今陕西安康）置西城郡，治西城县，并改隶于魏属之荆州。魏黄初二年（221），曹丕又改西城郡为魏兴郡。

上庸，原来亦为汉中郡属县。建安二十年（215），曹操占领汉中后析置上庸郡，治上庸县（今湖北竹山境内），并改隶魏属之荆州。黄初元年（220），蜀将孟达投降曹魏，深受曹丕宠信，便合并房陵（今湖北房县）、上庸、西城三郡为新城郡，以孟达为太守。

---

① 罗开玉、谢辉：《三国蜀后主刘禅新论》，《成都大学学报》（社会科学版），2009年第6期。

蒋琬谋取魏兴、上庸二郡应该酝酿已久,并进行了一些准备工作。《三国志·蒋琬传》载:

> 琬以为昔诸葛亮数窥秦川,道险运艰,竟不能克,不若乘水东下。乃多作舟船,欲由汉、沔袭魏兴、上庸。会旧疾连动,未时得行。而众论咸谓如不克捷,还路甚难,非长策也。于是遣尚书令费祎、中监军姜维等喻指。[1]

蒋琬吸纳北出秦川因"道险运难"而无功的教训,提出沿汉水东下,攻取魏兴和上庸二郡,并积极进行东取兴、庸的战争准备,"多作舟船"。

蒋琬为什么要图谋魏兴和上庸呢?魏晋历史文献没有直接交待。经分析,主要有五个方面的原因:

一是蒋琬灵活地执行诸葛亮的"敌魏"战略。蜀汉自谓刘氏正统,与汉贼曹氏不共戴天,这是蜀汉政权建立和存续的理论依据。因而,在"敌魏"上是不能有任何改变的,但毕竟诸葛亮五次北伐皆无功而返,这不得不令诸葛亮的后继者蒋琬、费祎深刻反省,并有所改变、有所作为。"东图兴庸"就是其最重大的改变和作为。

二是魏兴、上庸、房陵在汉代原本属于汉中郡,有"东三郡"之谓。这一政区之渊源应该是蒋琬图谋三地的重要原因。东汉末年,原属汉中郡的三地建制和归属发生了巨大变化。最初刘表在蒯氏大族的支持下拥有荆州,投桃报李,升房陵为郡,并改隶荆州,以蒯祺为太守,自专一方。几乎同时,割据巴蜀的刘焉

---

[1] [晋]陈寿:《三国志》卷四十四《蒋琬传》,中华书局,2013年,第1058—1059页。

委派张鲁统领汉中，而张鲁或因西城、上庸处于四塞山区，远离郡治，没有进行过实质性的管理，二县实际处于割据状态。

赤壁之战后，孙权企图通过房陵、上庸、西城经略汉中。而刘备为实现跨荆益、图中原的战略构想，采纳殷观的建议，阻止了孙权跨境取汉中的图谋。①

建安二十年（215），曹操夺取了汉中郡，将其东部上庸、西城二县从汉中郡剥离出来，升为两郡。以当地豪强申耽、申仪分别任上庸太守和西城太守。二郡遂为曹操所属之荆州，魏属荆州亦由南阳一郡扩大到三郡。

三是魏兴、上庸、房陵曾为蜀汉所有。这应该是蒋琬图谋三地的又一重要原因。建安二十四年（219），刘备采纳法正的建议，夺取了汉中，又命令宜都太守孟达率军西上房陵，派刘封由汉中东下西城、上庸。时任房陵太守蒯良被孟达斩杀，而西城太守申仪和上庸太守申耽主动归附。刘备遂加申仪为建信将军，申耽为征北将军，任命邓辅为房陵太守，刘封与孟达统领三郡。然而，不久孟达因不满刘封欺压而暗通曹魏，并于延康元年（220）公开投奔曹魏，随后与魏将夏侯尚、徐晃里应外合，一战击败刘封。刘封逃回西川，被刘备处死。申耽、申仪又主动归顺曹魏。三郡又重隶魏属之荆州。

孟达归曹魏，时逢曹丕代汉称帝，以此祥瑞而信爱孟达，遂合上庸、房陵、西城三郡为新城，由孟达统领。而曹魏一些旧臣对孟达的忠诚提出质疑。曹丕稍加调整，又以申仪为魏兴太守，分割新城，制衡孟达，还切断了孟达与蜀汉交通的路线。曹丕去世后，司马氏集团主政。孟达失去了靠山，颇不自安。

建兴三年（225），诸葛亮通过降人李鸿了解到孟达的处境，

---

① ［晋］陈寿：《三国志》卷三十二《先主传》，中华书局，2013年，第880页。

决定策反孟达。孟达还在犹豫，诸葛亮又釜底抽薪，派间谍诈降于魏，故意将孟达与蜀汉交通的信息透露给素与孟达有隙的申仪。申仪密报魏廷，司马懿一面用书信稳住孟达，一面急行军前往镇压。孟达在得不到蜀汉援救的情况下很快就失败了。

  蒋琬正是这次策反孟达行动的参与者，故对魏兴、上庸的情况有所了解。据《三国志·费诗传》记载，建兴三年（225），诸葛亮在南征中会见李鸿时，蒋琬与费诗在座。诸葛亮听取李鸿对孟达情况的介绍后对蒋琬、费诗说："还都当有书与子度相闻。"子度，即孟达之字。蒋琬持重谨慎，没有对此表态。而费诗当即发表反对意见，认为："孟达小子，昔事振威不忠，后又背叛先主，反复之人，何足与书邪！"诸葛亮默然不答，随后与李严分别致书孟达。①

  诸葛亮欲诱孟达为外援，牵制曹魏，以利其北伐。此次会见虽然不见蒋琬发表意见，但可以肯定，蒋琬由此了解了孟达及"东三郡"的情况。三郡地跨荆益的地理优势是实施东西两路北伐中原战略构想的基础，夺取三郡，或可再度实现诸葛亮由东面出兵宛洛的战略构想。

  四是魏兴为魏所有，直接威胁到蜀汉的国防安全。魏兴之西南与蜀汉之汉中郡、巴郡接壤。曹魏拥有魏兴，既可西进汉中，进而西下梓潼郡，又可南下巴郡，进而控制夔门关。

  建兴八年（230），曹魏三路大军进攻汉中，曹真一路出斜谷，张郃一路出子午谷，而司马懿一路正是由西城发起的。②

  五是谋取魏兴、上庸有水路交通之便。这是蒋琬谋取二郡最有利的因素。五次北伐秦川多因道路险远、粮运不继而无功，而

---

 ①［晋］陈寿：《三国志》卷四十一《费诗传》、卷四十《李严传》，中华书局，2013年，第1016、999页。
 ②［晋］陈寿：《三国志》卷三十三《后主传》，中华书局，2013年，第896页。

第五章　审时度势　调整战略

二郡虽然位处于崇山峻岭之中，却有汉水穿流而过，自汉中顺水东下，再无粮运不继之忧，且有刘封沿此东征二郡成功的经验，故蒋琬在南郑多造船只，以备战时所需。

但是，这个"东图兴庸"的战略方案没有付诸实施。按照《三国志》的说法，其没有实施的原因有二：一是蒋琬自己说的"会旧疾连动，未时得行"；二是汉蜀朝议对此方案予以否定。当时蒋琬确实身患重疾，无法组织实施如此重大的军事行动。而主要还是朝议对此方案的否决，史称"众论咸谓如不克捷，还路甚难，非长策也"。后主刘禅还是十分尊重和信任蒋琬的，专门派遣费祎、姜维两位大员前往汉中，向蒋琬传达和解释朝议不同意东下魏兴、上庸的决定。

蒋琬虽然与诸葛亮一样开府治事，但名位和权力都没有达到"政事无巨细，咸决于亮"的程度，甚至连"丞相"这个名号也始终没有得到，而所开之府为"大将军府"。蜀汉军国大政的最终决定权自诸葛亮去世后一直掌控在朝廷。蒋琬和费祎都不敢与丞相比肩，低调而平和地打理着蜀汉政务，因而不得不尊重朝廷的集议结果。

这个方案诚如集议所言，确实有不少问题，带有很大的冒险性，朝廷否决这个方案是正确的。后世史家也有不看好这个方案的，如王夫之在《读通鉴论》中认为：

> 蒋琬改诸葛之图，欲以舟师乘汉、沔东下，袭魏兴、上庸，愈非策矣。魏兴、上庸，非魏所恃为岩险，而其赘余之地也。纵克之矣，能东下襄、樊，北收宛、洛乎？不能也。[①]

[①]［清］王夫之著，舒士彦点校：《读通鉴论》卷十《三国》，中华书局，2013，第293页。

"东图兴庸"的战略方案被否决，难免让蒋琬有些沮丧，加上自己确实身患重病，感到难有作为，便上表请求内移涪城，同时开始向费祎移交权力。这意味着蒋琬完全改变了蜀汉的传统防御政策，即由"以攻为守"变为"专注防守"了。

三、克捷兴势

"兴势之役"是蒋琬驻节涪城以来蜀汉与曹魏最大规模的一场战役，也是对蒋琬"专注防守"对魏战略的一次全面检验。

兴势山位于秦岭通道骆谷南口，今陕西洋县东北，一直是蜀汉封堵曹魏南下的防守重地。据《元和郡县图志》，"蜀先主遣诸葛亮出骆谷，戍兴势山，置烽火楼，处处通照，即此山"[①]。其实，这就是镇北将军魏延驻守汉中时在秦岭山谷和汉中平原北边创建的一个重要"围守"。《三国志·姜维传》记述"围守"及其在"兴势之役"中的作用说：

> 初，先主留魏延镇汉中，皆实兵诸围以御外敌，敌若来攻，使不得入。及兴势之役，王平捍拒曹爽，皆承此制。[②]

姜维评论魏延的"围守"符合《周易》"重门"之义。用现代军事学理论来说，"围守"之防御，即普建"围守"于要害之地，实兵积粮于围内，纵深防守，拒敌于汉中平原以外。

延熙七年（244）春，曹魏大将军曹爽、征西将军夏侯玄、

[①] [唐] 李吉甫撰，贺君次点校：《元和郡县图志》卷二十二《山南道三》，中华书局，2005年，第562页。

[②] [晋] 陈寿：《三国志》卷四十四《姜维传》，中华书局，2013年，第1065页。

雍州刺史郭淮率步骑十余万由骆谷进攻汉中。当时蒋琬、姜维所率蜀军主力集结于涪城,镇守汉中的镇北大将军王平所部守兵不满三万。汉中诸将极为震恐,或曰:"今力不足以拒敌,听当固守汉、乐二城,遇贼令入,比尔间,涪军足得救关"[1]。即主张坚守汉、乐两城,以待涪城派军援救。

王平则提出:"汉中去涪垂千里。贼若得关,便为祸也。今宜先遣刘护军、杜参军据兴势,平为后拒;若贼分向黄金,平率千人下自临之,比尔间,涪军行至,此计之上也。"[2] 认为涪城距汉中千里,远水解不了近渴,万一关城失守,则国家有倾覆之危。因而,应当堵截曹军于兴势等围之外,不使其进入汉中平原;同时,遣使火速奔赴涪城求援。

王平提出的防御方法得到了时任护军刘敏的赞同。《三国志》载:

> 魏遣大将军曹爽袭蜀时,议者或谓但可守城,不出拒敌,必自引退。敏以为男女布野,农谷栖亩,若听敌入,则大事去矣。遂帅所领与平据兴势,多张旗帜,弥亘百余里。会大将军费祎从成都至,魏军即退。[3]

蜀汉汉中诸将主张"围守"待援,而刘敏认为,如果听任曹军纵横践踏,百姓遭掳掠,生产被破坏,则国家大事去矣。于是,率汉中守军集据兴势,多张旗帜,弥亘百里,以迷惑曹军。大司马蒋琬病重,命涪城驻军赴援汉中。大将军费祎亦从成都率

---

[1] [晋] 陈寿:《三国志》卷四十三《王平传》,中华书局,2013年,第1050页。

[2] [晋] 陈寿:《三国志》卷四十三《王平传》,中华书局,2013年,第1050页。

[3] [晋] 陈寿:《三国志》卷四十四《蒋琬传附刘敏》,中华书局,2013年,第1060页。

兵增援汉中。

曹军很快陷入不利境地。《三国志·曹真传》载：

> 正始五年，爽乃西至长安，大发卒六七万人，从骆谷入。是时，关中及氐、羌转输不能供，牛马骡驴多死，民夷号泣道路。入谷行数百里，贼因山为固，兵不得进。爽参军杨伟为爽陈形势，宜急还，不然将败。①

这里反映出曹军当时出现了两大问题：一是曹军后勤补给不足，所谓"转输不能"；二是曹军被困在峡谷，所谓"兵不得进"。因而，参军杨伟劝曹爽撤退，以免惨败。其政敌司马懿直接致信夏侯玄，申说："春秋责大德重。昔武皇帝再入汉中，几至大败。君所知也。今兴平路势至险，蜀已先据；若进不获战，退见徼绝，覆军必矣。将何以任其责！"于是曹军被迫撤退。

而此时费祎援军"进兵据三岭以截爽，爽争险苦战，仅乃得过。所发牛马运转者，死失略尽，羌、胡怨叹，而关右悉虚耗矣"②。只有山区作战经验丰富的前锋郭淮，"度势不利，辄拔军出，故不大败"③。

作为辅政大臣，曹爽原本要通过对蜀汉战争的胜利"立威名于天下"，结果落荒而逃，这直接影响到曹魏的政局，也为其随后被司马懿诛杀埋下了伏笔。

而蜀汉诸将凭着"兴势之役"的胜利，加官晋爵，声望俱增。左护军、扬威将军刘敏以功封云亭侯。句扶拜左将军，封宕

---

① ［晋］陈寿：《三国志》卷九《曹真传附爽》，中华书局，2013年，第283页。

② ［晋］陈寿：《三国志》卷九《曹真传附爽》注引《汉晋春秋》，中华书局，2013年，第284页。

③ ［晋］陈寿：《三国志》卷二十六《郭淮传》，中华书局，2013年，第735页。

渠侯。史称："是时，邓芝在东，马忠在南，平在北境，咸著名迹。"① 这是蜀汉边境最宁静的时期。

此役中，大司马蒋琬则加快了同大将军费祎的权力交接。费祎以大将军身份亲率援军赴汉中，朝廷假以符节，督率诸将阻击曹军，战后再加封成乡侯。原本低调谦逊而又身患重病的蒋琬坚决辞让"益州牧"之职，费祎遂领益州刺史。蒋、费关系融洽，政治理念相同，"蒋费共治"之局由此形成。

正是由于"围守"防御办法在"兴势之役"中起到了堵截曹魏大军于骆谷出口的实际效果，战后，大将军费祎还专程巡察汉中诸"围守"的状况②，进一步强化"围守"的防御战术。

---

① ［晋］陈寿：《三国志》卷四十三《王平传》，中华书局，2013年，第1050页。

② ［晋］陈寿：《三国志》卷三十三《后主传》，中华书局，2013年，第898页。

第六章　坐镇涪城　策应各方

后主延熙六年（243）十月，蒋琬将大司马府由汉中移驻涪城。这标志着蜀汉内外政策的重大变化。概言之，对内专注于休养生息，发展经济；对外则维持敌魏友吴，以攻佐守。

一、内迁涪城

刘邦称王汉中而得天下，刘备称汉中王而分荆据益。从此，汉中被认定为兴王之地。而割据巴蜀者，素以汉中为安全屏障。刘备虽然自称皇室后裔，当效法高祖争汉中而霸天下，但因其实力不足，入主成都后在是否攻占汉中的问题上颇为迟疑。

对此，在刘备集团内部有着赞同和反对两种不同意见：反对者以儒林校尉周群、益州后部司马张裕为代表。周群奏告："当得其地，不得其民也，若出偏军，必不利，当戒慎之。"张裕劝谏："不可争汉中，军必不利。"[①] 赞同者以蜀郡太守法正、蜀郡从事杨洪为代表。他们对汉中的战略地位、汉中与巴蜀的唇齿关系有着清楚的认识，主张刘备出兵争夺汉中。

---

① ［晋］陈寿：《三国志》卷四十二《周群传》，中华书局，2013 年，第 1020 页。

第六章 坐镇涪城 策应各方

正说先主曰："曹操一举而降张鲁，定汉中，不因此势以图巴、蜀，而留夏侯渊、张郃屯守，身遽北还，此非其智不逮而力不足也，必将内有忧逼故耳。今策渊、郃才略，不胜国之将帅，举众往讨，则必可克。克之之日，广农积谷，观衅伺隙，上可以倾覆寇敌，尊奖王室，中可以蚕食雍、凉，广拓境土，下可以固守要害，为持久之计。此盖天以与我，时不可失也。"①

法正分析曹操占据汉中、留将驻守的实际情况后认为，出兵攻打汉中，必能得胜。占领汉中后对巴蜀十分有利：上可北伐秦川，尊奖汉室；中可蚕食雍州、凉州，以开疆拓土；下可固守要害，自立于巴蜀。出兵汉中毕竟是关系到刘备霸业兴盛衰败的大事，刘备仍然迟疑不决，又派军师将军诸葛亮就此询问杨洪，杨洪回答说："汉中则益州咽喉，存亡之机会，若无汉中则无蜀矣；此家门之祸也。方今之事，男子当战，女子当运，发兵何疑？"②简明地揭示了汉中对巴蜀的极端重要性，并指出夺取汉中值得倾力一搏。于是，刘备决计出兵，并一举击败曹军守将夏侯渊，占据汉中。

诚如法正所策，后来蜀汉存在的四十多年间，汉中"处蜀魏界，固险重守，自丞相、大司马、大将军皆镇汉中"③，常设汉中都督，选派能臣战将担任都督，主持实施抵御曹魏、屏藩巴蜀、北伐秦川、"衔持河右"等战略。

---

① [晋]陈寿：《三国志》卷三十七《法正传》，中华书局，2013年，第961页。

② [晋]陈寿：《三国志》卷四十一《杨洪传》，中华书局，2013年，第1013页。

③ [晋]常璩撰，刘琳校注：《华阳国志》卷二《汉中志》，成都时代出版社，2007年，第58页。

表 6－1　蜀汉汉中镇守大员简表

姓名	官职爵位	镇守时间	离任原因	备注
魏延	镇远将军，领汉中太守	建安二十四年刘备占据汉中，命魏延督汉中	建兴五年丞相驻节汉中，改丞相司马	官至征西大将军，封南郑侯
诸葛亮	丞相，武乡侯	建兴五年驻节汉中，主持北伐	建兴十二年病故军中	此间汉中为北伐基地，不另设督
李严	骠骑将军中都护	建兴八年将兵二万赴汉中	建兴九年废徙梓潼郡	诸葛丞相出征，李严留署府事
吴壹	车骑将军，假节，督汉中	建兴十二年奉诸葛遗命	建兴十五年病故	后世史书多误作"懿"
王平	安汉将军安汉侯	建兴十五年继吴壹督汉中	延熙元年改前将军，署大将军府事	
蒋琬	大司马安阳侯	延熙元年开大将军府于汉中	延熙六年移驻涪城	
王平	前监军镇北大将军	延熙六年大将军蒋琬移涪城	延熙十一年病故	
胡济	骠骑将军，假节，督汉中事	延熙十一年接替前督王平	延熙十一年大将军费祎出屯汉中	费祎移屯汉中，未开府，亦免胡济
费祎	大将军	延熙十一年出屯汉中	延熙十四年移屯汉寿	延熙十五年始开府于汉寿，次年亦遇害于汉寿
胡济	镇西大将军督汉中	延熙十四年接汉中都督	景耀元年受大将军命移驻汉寿	其间大将军费祎屯汉中

　　蒋琬执政时改变了这一战略思想，即把镇守汉中的主将由主政大臣降至军事都督，并最终把大司马府由汉中内迁至涪城。

　　延熙四年（241）十月，尚书令费祎专程来到汉中，与大司马蒋琬和大司马府司马姜维研讨和制定蜀汉的内外政策，至年底才回到成都。执政大臣回迁内地应该是这次会面确定的内容

第六章　坐镇涪城　策应各方

之一。

延熙五年（242），监军姜维督偏师便自汉中还屯涪城。这是大司马府移驻涪城的开端，或者说是为大司马府移驻进行的准备工作。

延熙六年（243），蒋琬向后主上呈了内迁涪城的奏疏：

> 芟秽弭难，臣职是掌。自臣奉辞汉中，已经六年，臣既暗弱，加婴疾疢，规方无成，夙夜忧惨。今魏跨带九州，根蒂滋蔓，平除未易。若东西并力，首尾掎角，虽未能速得如志，且当分裂蚕食，先摧其支党。然吴期二三，连不克果，俯仰惟艰，实忘寝食。辄与费祎等议，以凉州胡塞之要，进退有资，贼之所惜；且羌、胡乃心思汉如渴，又昔偏军入羌，郭淮破走，算其长短，以为事首，宜以姜维为凉州刺史。若维征行，衔持河右，臣当帅军为维镇继。今涪水陆四通，惟急是应，若东北有虞，赴之不难。①

这道奏疏被后人独立出来，收入《三国志文类》和《两汉魏晋南北朝全文》。这是蒋琬对魏攻防策略的经典阐述，其内容特征，概括起来有四个层面：

第一，蒋琬明白自己作为主政大臣的职责在于"芟秽弭难"，但能力有限，加上体弱多病，无法尽快完成剪除曹贼、复兴汉室的宏业。

第二，蒋琬分析魏、吴现实情况，认为魏强大，难以迅速绝灭；而蜀、吴呼应，分裂蚕食魏之战略构想，又未曾真正实现。

---

① ［晋］陈寿：《三国志》卷四十四《蒋琬传》，中华书局，2013年，第1059页。

客观地说,所谓吴蜀同盟关系就是为求生存而相互利用,正如王夫之所论:"两国异心,谋臣异计,东西相距,声响之利钝不相及,闻风而驰,风定而止。"① 不仅没有实质性合作,反而兵戎相见,扩大各自的地盘,如两国湘水之战、东吴偷袭荆州、刘备东征夷陵等。

第三,蒋琬与费祎等重臣商议,根据凉州羌胡思汉和曹魏统治薄弱的情况,拟以姜维为凉州刺史,领兵衔持河内地区,而自己则统领大军为后继。

第四,蒋琬分析涪城的战略地位,认为在此策应姜维在河右的军事行动和防御曹魏南下,都援救不难。

后主批准了这个方案。延熙六年(243)十月,即蒋琬主政的第五年头,蒋琬正式从汉中移驻涪城。十一月,大赦天下。② 这次大赦意味着蜀汉对魏策略的重大调整。同时,拜费祎为大将军,姜维为镇西大将军,实施衔持河右、蚕食凉州的对魏战略。

从蜀汉后期的历史看,蒋琬与费祎商定的战略一直在执行着。从此,蜀汉主政大臣大司马或大将军不再驻守汉中。《华阳国志》载:"涪县去成都三百五十里,水通于巴,于蜀东北之要。蜀时大将军镇之。"③ 此大将军即蒋琬。由此可见,涪城原本为梓潼郡涪县治所,后因蒋琬置大将军府于此,其政治、军事地位超越一般郡县治所。继任大将军费祎又对其驻地加以调整,进驻汉中与涪城之间的汉寿(今四川昭化),算是一个折中方案。姜维为大将军后则长期活动于河右地区,甚至把汉中都督胡济也由汉中内徙到了汉寿。

---

① [清]王夫之撰,舒士彦点校:《读通鉴论》卷十《三国》,中华书局,2013年,第282页。

② [晋]陈寿:《三国志》卷三十三《后主传》,中华书局,2013年,第898页。

③ [晋]常璩著,刘琳校注:《华阳国志》卷二《汉中志》,成都时代出版社,2007年,第73页。

第六章 坐镇涪城 策应各方

主政大臣内迁虽然减轻了北疆军用物资的转运负担,但也削弱了北疆的防御能力。因而对于蒋琬内移涪城,后世有着截然不同的评论。多数史学家或政论家认为,此举实为休养生息的正确之举,一方面可避免军用物资的长途转运,从而减轻蜀汉军民的劳苦;另一方面可与民休息,专注生产,从而助推蜀汉经济的恢复和发展。但是,也有一些史学家或政论家对蒋琬此举提出了尖锐的批评,如宋人郭允蹈在《蜀鉴》中评论道:

> 蒋琬委去南郑,称疾屯涪,无复远略,非但不足于攻,且不足于守,然则所谓乘汉、沔以复汉中、保凉州,而后氐羌,殆虚语耳。蜀之不竞,琬之罪也。[1]

郭允蹈把蜀汉之衰亡归罪于蒋琬迁涪。王夫之亦持同样的观点,认为:"蒋琬据涪城,姜维据汉、乐,颠当守户,而天日莫窥,不亡奚待焉?"[2] 这就失之偏颇了。蒋琬之迁涪并非放弃汉中之防御,而以王平为都督汉中军事,更加专注于防御。自己身为主政大臣,既要北防曹魏,又得总理内政,利用涪城水陆交通之便正好兼顾内外之责,策应汉中和河右的军事行动,议决朝廷军国大政。事实上,蒋琬移驻涪城后,王平在蒋琬和费祎的增援下,击退了南下的曹爽大军。

郭氏的评论是出于南宋政局的现实需要。南宋时期,汉中(时称兴元)对国家存亡的意义更重于蜀汉。宋金对峙,形势严峻,无汉中则无巴蜀,无巴蜀则无江南。存亡之机,尽在汉中。故而郭允蹈对蒋琬放弃汉中、移屯涪城持否定观点。

---

[1] [宋]郭允蹈著,赵炳清校注:《蜀鉴》卷三《蜀汉蒋琬费祎保蜀》,国家图书馆出版社,2010年,第69页。

[2] [清]王夫之著,舒士彦点校:《读通鉴论》卷十《三国》,中华书局,2013年,第305页。

蒋琬移屯涪城极大地提升了涪城的政治、军事地位。涪县创设于西汉，隶属于广汉郡。新莽时一度改为统睦县。东汉初年全面恢复汉制，又改回涪县（治今四川绵阳开元场）。刘备入主巴蜀后，析广汉之北置梓潼郡，涪县随之改属梓潼郡。

涪县虽然始终为县，却因位于成都至汉中的交通干线上，又以濒临涪江，有水陆交通之便，而在蜀汉时期具有特殊的战略地位。古今学者对此俱有相同的认识。宋人祝穆在《方舆胜览》中称，绵州北接汉中，东接巴郡，控扼两川，水陆四冲，为三川之襟带。而州治涪城依山作州，东据天池，西临涪水，形如北斗，卧龙伏马。① 今人杨伟立在《论涪城（绵阳）在蜀汉时期的战略地位》中指出，"涪县（绵阳）位于成都东北，是成都北面最重要的屏障，又是成都至汉中的咽喉要地，水陆四通，战略地位十分重要。"②

涪城这样的战略地位正是在蜀汉后期形成的，而蒋琬驻节是涪城成为蜀汉后勤保障基地和军事指挥中心的关键环节。

当初刘备受邀入蜀，沿涪江而上，与刘璋欢聚于涪城东山数十日，东山因刘备之言而改称"富乐山"，并沿用至今。蒋琬大司马府移驻涪城，提前一年即派大司马府司马姜维率军到涪县进行设施整治。大司马府移驻后，涪城逐渐成为汉蜀后期的军事基地，南镇三巴之地，西辅行都成都，北援雍凉之军。

十六年后，钟会占据涪城，后主敕令大将军姜维、绥武将军蒋斌等蜀汉将领到此向钟会投降。这里成为成都以外的唯一受降之地，亦缘于此系大司马驻节之地。

---

① [宋]祝穆著，施和金点校：《方舆胜览》卷五十四《绵州》，中华书局，2003年，第970页。
② 杨伟立：《论涪城（绵阳）在蜀汉时期的战略地位》，《中华文化论坛》，2002年第3期。

二、衔持河右

河右，泛指黄河以西地区。蜀汉将帅所说的河右，更多地指向陇州以西的凉州地区。衔持即相持、对持。"衔持河右"就是在河右地区与曹魏相持对抗。

按照罗开玉的说法，"衔持河右"并非蒋、费之创见，而是早年法正夺取汉中之策。然据蒋琬的奏疏，其"衔持河右"之战略目标与法正之策没有相续关系。延熙六年（243），蒋琬在上后主的奏疏中称：

> 辄与费祎等议，以凉州胡塞之要，进退有资，贼之所惜。且羌胡乃心思汉如渴，又昔偏军入羌，郭淮破走，算其长短，以为事首，宜以姜维为凉州刺史。若维征行，衔持河右，臣当帅军为维镇继。[①]

可见，"衔持河右"的战略目标是蒋琬与费祎议定的，也是对诸葛亮北伐秦川战略目标的延伸和发展。诸葛亮在"隆中对"中就有"西和羌戎"的战略构想。据李殿元先生研究，夺取凉州正是诸葛亮晚年北伐的现实目标。[②] 可见，"衔持河右"与"西和羌戎"具有一致性，其主要内容是利用凉州（时治置于今甘肃陇县）境内羌胡心存汉室的情况，以熟悉这一区域风土人情的姜维为主将，以涪城为后方基地，出兵河右，蚕食和牵制曹魏。

应该说，在当时的环境下这是一个可行的对魏战略。

[①] ［晋］陈寿：《三国志》卷四十四《蒋琬传》，中华书局，2013年，第1059页。

[②] 李殿元：《从复兴汉室到夺取凉州》，《成都大学学报》（社会科学版），2007年第3期。

首先，这一区域的羌胡不时起来反抗曹魏的统治，具有出兵策动和策应的广泛基础。这一地区羌胡叛服不常，《三国志》所谓"河右扰乱，隔绝不通"①。

其次，这一区域是曹魏统治的薄弱地方，对于实力弱小的蜀汉来说，确实有机可乘。曹魏在雍、凉的统治以关中为重心，以雍州（治今陕西西安）为基地，与凉州相距甚远，加之凉州以南、陇州以西的河右地区散居着相对独立的羌胡，更是鞭长莫及。

再次，姜维熟悉河右风俗，且文武兼备，颇得诸葛亮和蒋琬、费祎的信重，足以担当此任。

姜维，字伯约，天水冀县（今甘肃甘谷）人。生长在陇西，熟悉这一带的风俗。初因其父在平定羌戎叛乱中战死而被曹魏赐予中郎，本郡参军。诸葛亮出兵祁山时归属蜀汉，并得到诸葛亮的特别赏识，年仅二十七岁便拜奉义将军，封当阳亭侯，旋升征西将军。诸葛亮刻意教授其军事才能，诸葛亮去世后，姜维逐渐成为蜀汉的军事统帅。

在"衔持河右"的问题上，蒋琬是最初的决策者，并直接参与过招纳武都氐人的行动。

> 十四年，武都氐王苻健请降，遣将军张尉往迎，过期不到，大将军蒋琬深以为念。嶷平之曰："苻健求附款至，必无他变，素闻健弟狡黠，又夷狄不能同功，将有乖离，是以稽留耳。"数日，问至，健弟果将四百户就魏，独健来从。②

---

① ［晋］陈寿：《三国志》卷十八《阎温传》，中华书局，2013年，第550页。
② ［晋］陈寿：《三国志》卷四十三《张嶷传》，中华书局，2013年，第1051页。

第六章　坐镇涪城　策应各方

或许是身体多病的原因，蒋琬没有像诸葛亮那样亲率大军出河右。出兵河右主要是姜维主持实施的，因而被历史学者称为"姜维北伐"。由于北伐的次数较多，文学艺术作品称作"九伐中原"。实际上，姜维北伐不止九次。《三国志·姜维传》提及，"琬既迁大司马，以姜维为司马，数率偏军西入"，而"九伐中原"中只有两次是在蒋琬主政时期发起的，既然称"数率偏军西入"，自然就不止两次。不过，这两次应该是蒋琬主政时规模较大的出兵陇右行动。

延熙元年（238），大将军蒋琬命姜维率偏师出陇右，与魏军在南安相持，不久撤退。

延熙三年（240），姜维第二次率军深入陇西，曹魏大将郭淮西进羌中，姜维无功而退。

与诸葛亮五次北伐一样，这两次偏师远征，皆因粮运不继，无功而返。这直接影响到蜀汉后期对魏战略的变化。

延熙四年（241）十月，蒋琬与费祎在汉中经过数月的商讨，最终确定了未来的对魏战略。虽然"衔持河右"应该是其内容之一，但蜀汉后期对魏的总体战略倾向于专注防守，其出兵河右更多的是为扰乱和蚕食曹魏西境，以牵制魏军之大举南下。

蒋琬把"衔持河右"战略的实施完全赋予了姜维。延熙六年（243），蒋琬承制以姜维为镇西大将军，领凉州刺史，负责执行"衔持河右"之战略。但是，蒋琬与费祎总是把姜维出兵的规模控制在较小范围之内。姜维"每欲兴军大举，费祎常裁制不从，与其兵不过万人"[①]。费祎甚至与姜维公开摊牌：

> 吾等不如丞相亦已远矣；丞相犹不能定中夏，况吾

---

① ［晋］陈寿：《三国志》卷四十四《姜维传》，中华书局，2013年，第1064页。

等乎！且不如保国治民，敬守社稷，如其功业，以俟能者，无以为希冀徼幸而决成败于一举。若不如志，悔之无及。①

延熙十六年（253），大将军费祎在汉寿被曹魏降人郭循杀害。姜维从此没有了内部制约，便总统内外诸军，对河右地区发动了数次规模更大的战争。蒋琬和费祎确定的"衔持河右"在姜维那里变成了"西断陇右"，"自以练西方风俗，兼负其才武，欲诱诸羌、胡以为羽翼，谓自陇以西可断而有也。"②曹魏大臣亦所谓"姜维有断陇右之志"③。

姜维对河右的军事行动，历史学家多有贬责，少有赞扬。贬责也罢，赞扬也罢，都是蒋琬、费祎主政时确定的对魏战略，不能完全归罪或归功于姜维。不过，姜维在后来的实施过程中更改既定战略，且乐此不疲，多次出兵争夺河右，虚耗国力。于是，学者们着力探讨起姜维"九伐中原"的原因；或以为这是姜维继续执行诸葛亮"以攻为守"策略，并不在乎国力强弱和胜败得失；或以为这是姜维为逃避宦官黄皓的陷害而握兵于外以自保。这些见解似乎都有道理，但可以肯定，姜维这是在报答诸葛亮的知遇之恩，沿着蒋琬、费祎的既定战略而努力，只是在执行中有所走样而已。

在发动灭蜀战争之前，曹魏将相反复声讨姜维"屡扰边陲"。④甘露元年（256）的诏书中称："逆贼姜维连年狡黠，民

---

① [晋]陈寿：《三国志》卷四十四《姜维传》注引《汉晋春秋》，中华书局，2013年，第1064页。
② [晋]陈寿：《三国志》卷四十四《姜维传》，中华书局，2013年，第1064页。
③ [晋]陈寿：《三国志》卷二十八《邓艾传》，中华书局，2013年，第782页。
④ [晋]陈寿：《三国志》卷二十八《钟会传》，中华书局，2013年，第787页。

夷骚动，西土不宁。"① 似乎这场灭国之战是姜维侵扰河右所致。实际上，这只是曹魏发动亡蜀战争的借口。即便姜维没有在河右活动，曹魏同样会发动这场战争。因而，不当将蜀汉国力虚耗的罪责都记在姜维头上，更不能把蜀汉灭亡的罪过都记在姜维头上。

---

① ［晋］陈寿：《三国志》卷二十八《邓艾传》，中华书局，2013年，第778页。

第七章　病故绵左　魂栖西山

延熙九年（246）冬，蒋琬在涪城病逝。明人黄道周把蒋琬去世与天文现象联系起来，称"彗见七星，蒋琬、董允卒"①，给蒋琬之死增添了几分神秘色彩。这也符合汉魏人士的习惯思维模式。揭开这类怪异说法的面纱，可以体悟到蒋琬的离世确实是蜀汉政权的重大损失，正如王夫之所云，"蒋琬死，费祎刺，而蜀汉无人"②。蜀汉政局为之一变，后主刘禅不得不"自摄国事"③。宋人晁以道从人才的角度评论蜀汉之盛衰说：

> 蜀汉之时，诸葛亮死而蒋琬相，蒋琬死而姜维相，姜维乃以蜀汉为墟矣。盖蜀汉之相既如此其不肖，则蜀汉之乏人可知也。使蜀汉世世得人，姑如琬辈，则垂亡之魏何有于全盛之蜀哉？况其如亮者乎？④

蒋琬、姜维虽然不曾称相，却以大司马、大将军之名行施着相权。晁以道认为，蒋琬之后蜀汉无人，以致姜维如此"不肖"

---

① ［明］黄道周：《洪范明义》卷下，《石斋先生经传九种》本。
② ［清］王夫之：《读通鉴论》卷十《三国》，中华书局，2013年，第299页。
③ ［晋］陈寿：《三国志》卷三十三《后主传》引《魏略》，中华书局，2013年，第898页。
④ ［宋］晁说之：《景迂生集》卷一《元符三年应诏封事》，《四部丛刊续编》景旧钞本。

还出任丞相，如果蜀汉世世都有蒋琬这样的人才，则曹魏远不及蜀汉。

一、著作失传

蒋琬虽然为文臣，但没有诸葛亮那样多的著述传世，唯有《上袭魏疏》见录于《三国志文类》《成都文类》《全蜀艺文志》等宋明总集[①]。此奏表正是《三国志·蒋琬传》载录的一篇奏疏，并非另有一篇奏章。除此之外，蒋琬的唯一著作是《丧服要记》。

《隋书》著录《丧服要记》一卷，蜀丞相蒋琬撰。[②] 此书属于儒家礼类著作，大约在唐代便已散失，故自《旧唐书·艺文志》始，便无著录。至于散失的原因，应该是被更好的同名著作所取代。

据相关历史文献，魏晋以来有多种名为《丧服要记》或《丧服记》的著作传世，其中影响最大者是王肃的，而翔尽实用者是贺循的。唐宋时期，研究礼学的论著几乎都引用王、贺的《丧服要记》。尽管明清人没有阅读到此书，却因此对蒋琬评价颇高。民国《宁乡县志》评论说：

> 琬德器志事，无异武侯，又尝着《丧服要义》，见《隋书·经籍志》及《唐书·艺文志》，经师、将相一身兼之矣。[③]

[①] [宋]无名氏：《三国志文类》卷二十一；谭说友等：《成都文类》卷十八；杨慎：《全蜀艺文志》卷二十七。影印文渊阁《四库全书》本，台北商务印书馆，1986年。

[②] [唐]魏徵等：《隋书》卷三十二《经籍志》，中华书局，2013年，第920页。

[③] 民国《宁乡县志》，民国三十年活字本。

二、衣冠墓冢

蒋琬病故,蜀汉后主赐谥号曰"恭",后世因此称其为"恭侯"或"蒋恭侯",其墓也因此被称为"蒋恭侯墓"。

其墓在明朝以前只有绵阳西山一处,明清时期在四川和湖南又陆续出现了几座蒋琬墓,或为蒋氏族人方便祭奠而修建的衣冠冢,或是方志编修者对文献资料的误解。虽然一位历史名人有几处,甚至几十处墓葬(据周文业先生提供的信息,鲁肃墓即多达四十座),本身是一种文化现象,是这位历史人物深远影响的重要表征,但对求真求实的历史研究而言,梳理其由来和考辨其真伪是蒋琬研究不可或缺的内容。

(一)道州之蒋琬墓

道州有蒋琬墓始见于天顺年间李贤等编纂的《大明一统志》,其在《道州》目下载:"蒋琬墓在道州南三十里。琬,湘乡人,蜀汉丞相。"① 相反,其在《绵州》目下则无蒋琬墓之载。盖《大明一统志》的编者缺乏实际的调查研究,仅依据本地府县志提供的信息,按照明清社会"落叶归根"的风俗习惯置蒋琬墓于道州。弘治《永州府志》中亦记载:"蒋琬墓在道州南三十里。"② 续修《永州府志》和万历《湖广总志》都沿袭了这一说法。不过,隆庆《永州府志》对此明确表示怀疑。

> 蜀汉丞相蒋琬墓,在(道)州南三十里荆山,有碑

---

① [明]李贤等:《大明一统志》卷六十五《永州府》,影印文渊阁《四库全书》本,台北商务印书馆,1986年。
② 明弘治《永州府志》卷四,明弘治刻本。

第七章 病故绵左 魂栖西山

并石兽。或云蒋嵩墓。……今书蒋琬，姑存疑也。[1]

可见，隆庆《永州府志》的编修者对蒋琬墓在道州并不那么确定，而是以"存疑"附载于此，并指出荆山蒋琬墓可能是蒋嵩墓。

明代著名学者周圣楷在《楚宝》中对道州荆山这座蒋琬墓有这样的考辨：

> 按湘乡，东汉属零陵郡，晋属衡阳郡，至隋始罢衡阳郡，以湘乡省入，属潭州。琬生于湘乡，葬于涪，本传甚明，乃修郡县志者或辨琬墓在湘乡，或争琬为今零陵县人，又总志云，营道南三十里有蒋琬墓，此何异说梦。[2]

周圣楷不仅指出了各郡县争夺蒋琬籍贯的荒唐无稽，而且指斥记载道州荆山蒋琬墓乃痴人说梦。

明代隆庆《永州府志》的疑惑和周圣楷《楚宝》的辨析得到了清代湖南省州县志编修者的重视，有的方志即明确荆山之蒋墓为平都侯相蒋嵩之墓，非蒋琬之墓，如光绪《湖南通志》称，"平都侯相蒋嵩墓在（道）州东南四十里蒋居乡"，又云"晋平都侯蒋嵩碑，在道州三十里荆山"。[3] 有的方志则不置信否，备录以存疑，如康熙《永州府志》载："荆山在州南三十里，俗名丫髻岭，山下有碑并石兽，相传为蜀丞相蒋琬之墓。今考其子斌复

---

[1] 明隆庆《永州府志》卷十，明隆庆五年刻本。
[2] [明]周圣楷：《楚宝》卷二，明崇祯十四年刻本。
[3] 清光绪《湖南通志》卷三十八《地理志》、卷二百六十《艺文志》，清光绪十一年刻本。

钟会书,有云葬涪陵,则此为传疑矣。"① 误将涪城当作涪陵了。唯有《道州新志》不愿舍弃两位蒋氏名人"遗迹",既载汉丞相蒋琬墓在州南三十里荆山,又载平都侯蒋嵩墓在州南四十里蒋居山,有碑。②

实际上,宋朝以前并没有典籍将此墓此碑与蒋琬相联系在一起,宋人王象之《舆地纪胜》明确此碑为《汉故平都侯相蒋君之碑》③。在《大明一统志》误载为蒋琬墓碑后,周圣楷《楚宝》和明清地方志编修者都对道州荆山蒋琬墓进行过辨析,大多认定其为蒋嵩墓。嘉庆《湖南通志》还根据碑上可读文字加以论证:

> 平都侯蒋嵩墓在(永)州南四十里蒋居山,有碑。《道州新志》案,侯下当有相字。案此碑赵、洪二家俱未见其名字。《明统志》载,蒋琬墓于道州南三十里,虽不云有碑而未收。蒋嵩墓其即误以此碑为琬碑,可知《名胜志》驳之,是也。《道州新志》载,汉丞相蒋琬墓在州南三十里荆山,又载平都侯蒋嵩墓在州南四十里蒋居山,有碑。而据魏钟会答琬子斌书,谓琬卒葬于涪,正之甚是。然但以此存疑,又谓或曰即平都侯蒋嵩墓。《州志》又别载蒋嵩墓,未知孰是云云。盖本《名胜志》驳《明统志》以为蒋琬之讹而尚未能考定,其是否故两存之耳。今考《蜀志》琬本传,官至益州刺史、大将军、录尚书事,加大司马,封安阳亭,侯卒葬于涪。所叙历官,并无为"郡五官掾功曹"及宰"豫章平都侯相"之事,且琬卒于蜀汉后主延熙九年上,距此碑所记蒋君卒于汉桓帝元嘉二年,后至九十五年之久,其非琬

---

① 清康熙《永州府志》卷八,清康熙九年刻本。此志误涪城为涪陵。
② 转引自清光绪《湖南通志》卷二百六十,清光绪十一年刻本。
③ [宋]王象之撰:《舆地纪胜》卷五十八《道州》。

碑明矣。①

这段文字十分明确地认定，此碑为东汉平都侯国相蒋嵩的墓碑，其中最有力的证据是碑文所存墓主历官"郡五官掾功曹""豫章平都侯相"，与《三国志》所载蒋琬履历无一吻合，墓主卒年更是早于蒋琬卒年达九十五年之久。

这些考辨的结论直接影响到当今地方历史文化研究，查阅相关地方文史工作者关于蒋琬的讨论性文章，其主题已不在这座荆山坟墓上，而是集中于蒋琬的籍贯和故里了。

（二）宁乡之蒋琬墓

宁乡之蒋琬墓是蒋氏族人修建的。晚清《蒋氏通谱》载："汉唐以蔽，时隔地殊，先世佳城多不可考。至蜀汉大司马琬公卜葬宁邑灰汤。千余年，巍然常峙。"不仅指出了蒋琬墓的具体位置在宁乡灰汤镇，还明确称自魏晋以来这座墓一直存在着。如果此载无误，那么蒋琬在宁乡的衣冠墓十分久远了。不过，这座蒋琬墓尚未在其他历史文献中得到证实。

另一种说法是湾县有蒋琬墓。这一信息源自光绪四年（1878）蒋维盛等纂修的《阳羡砖场支蒋氏宗谱》卷二《琬公传》。此传的内容是压缩《三国志》本传而成，唯其末云"湘乡侯琬公墓在湖广湾县"。阳羡即今江苏之宜兴。湖广湾县，不知何处。或为此谱纂修者虚构，姑附于此，以备研讨。

（三）犀浦之蒋琬墓

成都犀浦原有一座纪念蒋琬的"蒋桥"，到清朝嘉庆年间这里又出现了蒋琬墓。

据成都地方文献资料，此说始见于嘉庆《郫县志》。在嘉庆

---

① 《湖南金石志 20 卷》，金石二，清嘉庆刻《湖南通志》本。

《郫县志》中,"蒋桥"之得名,不再是地近"蒋琬宅",而是地近"蒋琬墓"。其云:"蒋桥在城东北十三里,长三丈,高八尺,宽六尺。桥近蜀汉蒋琬墓侧,故名。"[①] 此志还进一步明确其依据是郫县旧志,然此旧志已无从查寻了。

嘉庆《四川通志》完全承袭了这一说法,称"相传"在郫县东十二里蒋琬墓前有一桥,今名其乡曰蒋桥乡。[②]

由于《三国志》明确记载蒋琬卒葬涪城,犀浦蒋桥之蒋琬墓和道州荆山之蒋琬墓一样鲜有信从者;而绵阳西山之蒋琬墓虽非蜀汉时期之故物,仍然得到了学界和社会的普遍认同。

三、西山墓葬

蒋琬去世后就地安葬在涪县(今四川绵阳)。这在《三国志·蒋琬传》中有着明确的记载:

> 子斌嗣,为绥武将军、汉城护军。魏大将军钟会至汉城,与斌书曰:"巴蜀贤智文武之士多矣,至于足下,诸葛思远,譬诸草木,吾气类也。桑梓之敬,古今所敦。西到,欲奉瞻尊大君公侯墓,当洒扫坟茔,奉祠致敬。愿告其所在!"斌答书曰:"知惟臭味意眷之隆,雅托通流,未拒来谓也。亡考昔遭疾疢,亡于涪县。卜云其吉,遂安厝之。知君西迈,乃欲屈驾修敬坟墓。视子犹父,颜子之仁也。闻命感怆,以增情思。"会得斌书报,嘉叹意义,及至涪,如其书云。[③]

---

① 清嘉庆《郫县志》卷十一,清嘉庆十七年刻本。
② 清嘉庆《四川通志》卷三十一,巴蜀书社,1984年,第1709页。
③ [晋]陈寿:《三国志》卷四十四《蒋琬传》,中华书局,2013年,第1059页。

第七章　病故绵左　魂栖西山

这段文字是蒋琬葬于四川绵阳的最原始、最可靠的记载。钟会灭蜀发生在后主炎兴元年（263），即蒋琬去世后的第十七个年头。钟会率军抵达汉中时，为弱化蜀汉军民的对抗情绪，摆出了一副敬重蜀汉名臣的姿态，致书汉中城守将蒋琬嗣子蒋斌，表达自己景仰蒋琬之情，询问蒋琬墓址所在，称自己将去蒋琬祠墓，"洒扫坟茔，奉祠致敬"。待到涪城受降时，钟会还真的去祭扫了蒋琬坟茔。

有学者提出，《三国演义》把钟会入蜀时对蒋琬的崇敬移植到了诸葛亮身上。这完全是对钟会的误解。钟会对诸葛亮和蒋琬都表达了敬重之情，在汉中时祭拜诸葛亮祠墓，并禁止军士采樵[1]，自然不存在移植对蒋琬的崇敬于诸葛亮身上的问题。

（一）墓冢残存

蒋斌在复信中明确告知钟会："亡考昔遭疾疢，亡于涪县。卜云其吉，遂安厝之。"安厝即安葬。这是蒋琬亡于涪、葬于涪的确凿证据。常璩《华阳国志》也明确说"大司马蒋琬葬此"[2]。李吉甫在《元和郡县图志》中记载：

> 蒋琬墓，在县西八里。琬为大司马，住汉中，后上疏曰："今涪水陆四通，惟急是应，若东北有虞，赴之不难。"由是琬还住涪，疾转增剧，卒于此而葬焉。[3]

可见，到唐朝蒋琬墓仍然保存着。西晋拆分涪县，另置巴中

---

[1] ［晋］陈寿：《三国志》卷三十五《诸葛亮传》，中华书局，2013年，第928页。

[2] ［晋］常璩撰，刘琳校注：《华阳国志》卷二《梓潼郡》，成都时代出版社，2007年，第73页。

[3] ［唐］李吉甫撰，贺次君点校：《元和郡县图志》卷三十三《剑南道下》，中华书局，2005年，第849页。

县，隋朝再改涪县为巴西县，旋并巴中县入巴西县。是故《元和郡县图志》列蒋琬墓于巴西县境内。

虽然经历了唐末五代之乱，但到宋代蒋琬墓依然保存完好。乐史在《太平寰宇记》中记载："蒋琬墓在（绵）州西七里。琬为益州刺史、安阳亭侯。"① 实际上，唐宋以来间有地方文献对蒋琬墓有所记载，如曹学佺《蜀中广记》引南宋王让《集古堂记》云："乔木婆娑者，蒋公琰万秋之宅，钟士季之所尝致敬也。"② 所谓"万秋之宅"就是丘墓。可见，南宋时绵州城郊的蒋琬墓仍保存无毁。

乾隆《钦定大清一统志》记载"蒋琬墓在旧（绵）州西"，并引《华阳国志》和《元和郡县图志》为证。③ 可见，由三国而清代的千年间，绵阳蒋琬墓一直存在，虽然难免遭到人为破坏或自然损毁，但其墓碑、墓冢和翁仲等到清朝中期仍然残存着。嘉庆《直隶绵州志》对蒋琬墓有这样的记述：

> 蒋恭侯墓在州西六里西山观侧，前有方碑高丈许，篆刻似勾漏文字，剥落不能成读，土人称"蒋大司马墓"。④

可见，蒋琬墓及墓碑当时仍有残存，当地人称之为"蒋大司马墓"。坟墓前面的方碑约高一丈，碑上文字为篆体，因风化剥落而无法识读。同治《直隶绵州志》进一步补充说：方碑上的篆

---

① ［宋］乐史：《太平寰宇记》卷八十三《剑南东川道二》，影印文渊阁《四库全书》本，台北商务印书馆，1986年。
② ［明］曹学佺著，杨世文校点：《蜀中广记》卷九《成都府九》，上海古籍出版社，2020年，第113页。
③ 《钦定大清一统志》卷三百一十三《绵州》，影印文渊阁《四库全书》本，台北商务印书馆，1986年。
④ ［清］嘉庆《直隶绵州志》卷四十六，《四川历代方志集成》本，国家图书馆出版社，2015年。

文还有"二千石"三个字可以辨识，墓前尚存翁仲二、石马二。① 也就是说，原碑上的文字并非全部脱落，尚有"二千石"三字可读。这座方碑应该是安葬蒋琬时的故物，而道光年间对蒋琬祠墓的修复正是依据方碑上仅存的三字和墓前残存的翁仲、石马。

（二）祠墓修复

蒋琬祠墓在道光二十九年（1849）、同治四年（1865）、光绪十六年（1890）、民国十九年（1930）和1987年经过了五次较大规模的修复，而每次修复的背景和内容都有所不同。

1. 第一次修复

道光二十九年（1849），绵州知州李象昺和当地士绅熊文华主持了蒋琬坟墓和祠庙的第一次修复工作。

李象昺，字晓村，湖南长沙县人，拔贡。道光二十九年以候补知州代摄绵州事。民国《绵阳县志》对其治理绵州评价颇高，称其"学问渊古，勤心抚字。每听讼有未协处，中夜彷徨苦思，翌日复讯，尽情研诘，必求是非剖晰而后安"②。还明确说，西山仙云观侧的蒋琬祠墓就是李象昺邀约绵州士绅熊文华共同修建的。他还在西山山麓修建了欧阳崇公祠，以纪念欧阳观、欧阳修父子。

熊文华，号丽堂，绵州人，以文生入仕为员外郎，候补陕西道员。③ 虽然没有担任实职，只是一位有官称的富有士绅，但他对绵阳当地的文化建设颇为热心。

---

① 清同治《直隶绵州志》卷四十七，《四川历代方志集成》本，国家图书馆出版社，2015年。

② 民国《绵阳县志》卷四，《四川历代方志集成》本，国家图书馆出版社，2015年。

③ 民国《绵阳县志》卷八，《四川历代方志集成》本，国家图书馆出版社，2015年。

同治《直隶绵州志》载：

> 蒋琬墓，州西六里西山观侧，前有方碑高丈余，篆刻似勾漏文字，只"二千石"三字可辨，余皆剥落不能成读，墓前有翁仲二、石马二。道光二十九年，州牧李象昺、州人熊文华伐石封土，题其碣曰"汉大司马蒋恭侯墓"，并建祠三楹及竖神道碑于北门外，请允颁祀典，春秋致祭。①

根据绵阳地方文献的相关记载，这次蒋琬祠墓的修复主要进行了六个方面的工作：伐石封冢、刻立墓碑、配置神道、修建祠庙、请入祀典和镌刻本传。

（1）伐石封土

伐石封土就是修建墓冢。蒋琬坟墓位于西山顶，现存墓冢就是道光二十九年（1849）修复的，呈八面柱状，由座、身、檐、顶四个部分构成，通高 4.65 米，周长 31.6 米。碑前的整石祭台是顶部掉落下来的。

将该墓冢的现存状态与 1914 年拍摄的墓冢照片对比，还是能发现有一些不同，最突出的一点是在 1914 年的照片上没有墓碑（图 7 1914 年外国人拍摄的蒋琬墓地）。这才是道光二十九年修复后的模样，而今天所呈现的墓冢应该是 20 世纪 80 年代整修过的。

（2）刻立墓碑

这次修复所刻立的蒋琬墓碑有两方：一是墓冢前的"汉大司马蒋恭侯墓"碑。碑呈长方体，高 2.50 米，宽 1.21 米，厚

---

① 清同治《直隶绵州志》卷四十七，《四川历代方志集成》本，国家图书馆出版社，2015 年。

0.28米，嵌立在一巨型石碑座中。此即今立于墓冢前之碑。

这座墓碑正中镌刻"汉大司马蒋恭侯墓"八字，右侧署时"道光二十九年岁次己酉三月"十二字，左侧署名"署知州长沙李象昺敬立"十字。可见，李象昺没有去深究原碑上残存的"二千石"三字所蕴藏的汉朝旧制，也没有去参考绵州保存的汉代墓阙，而是直接吸纳了当地百姓的俗称"蒋大司马墓"，并加上"汉"字以明正统，增其谥号"恭侯"以显爵位。碑上文字是李象昺自己书写的。李氏"工书法，喜吟咏"，除此碑和西山麓的本传碑外，现存于成都崇州罨画池公园内的"罨画池"碑也是李象昺题写的，可见其"工书法"之名不虚。

另外一通碑竖立在绵州州城北门外，即蒋琬墓神道碑。咸丰四年（1854），四川茶盐道蒋琦淳在涪江边所看到的蒋琬墓神道碑即此碑。蒋琦淳在《谒蒋恭侯祠墓诗并序》中说："以咸丰甲寅九月，奉榷使之命入蜀，过绵见神道碑屹立涪水上。"[1] 可以肯定，这是李象昺等按照清代的墓葬习俗为蒋琬墓设置的神道碑，然此碑早毁，现已无法确定蒋琬墓神道碑上的文字和竖立位置了。据蒋琦淳所说，此碑应该相当高大。

（3）配置神道

蒋琬墓前设置有神道，沿山脊而下，直抵墓园大门，长约50米。神道两旁有石人、石马各一对。"文化大革命"时期，因为"破四旧"，这些神道配置遭到不同程度的损坏，如石人无头、石马失尾等。

（4）修建祠庙

蒋琬祠修建在西山麓。在魏晋而唐宋的历史文献中，只有蒋琬墓的记载，而不见蒋琬祠的描写。

---

[1] 民国《绵阳县志》卷一，《四川历代方志集成》本，国家图书馆出版社，2015年。

唐宋时期，京城建有历代名臣祠，群祀历代名臣。唐、宋《会要》中对此有确切记载，蜀汉入选名臣有诸葛亮、关羽和张飞，而无蒋琬。

在地方各州县则建有名臣专祠，在蜀中不仅有诸葛亮、张飞、姜维等蜀汉名臣的祠庙，而且有曹操（泸州方山）、邓艾（江油）等曹魏君臣的专祠，却无蒋琬祠庙。

此次修复，于西山观下修建专祠三间，是为蜀中修建蒋琬专祠之始。此前双流虽然奉蒋琬夫妇为城隍神，但奉祀角度和价值取向完全不同于功勋显赫、道德出萃的名臣。

（5）请入祀典

在完成蒋琬墓的修复和蒋琬祠的创建后，李象昺又将此事及蒋琬功业奏报朝廷，请求清廷允准将祭祀蒋琬列入国家祀典。朝廷批准了绵州官员的奏请，在《清史稿》中即有绵州祀蒋琬之载。从此，蒋琬享受官方的春秋祭祀。

（6）镌刻本传

据民国《绵阳县志》，李象昺主持修复蒋琬祠墓时特"刻其本传于山麓"[1]，即把陈寿《三国志》中的《蒋琬传》翻刻到石碑上，立于西山之麓。此碑在蒋欧祠庙原址旁边，至今保存着（图6 绵阳西山清刻蒋琬本传碑）。此碑呈长方体，高2.26米，宽1.16米，厚0.29米，立于赑屃台座上。赑屃台座高1.05米，长3米，宽1.7米。赑屃头上半部有凿毁痕迹。[2]

此碑与西山公园内的玉女泉隋唐道教造像、题记相邻，构成园内一大文化点位。因风化剥落严重，只有部分文字尚可识读。本地文史资料有称此碑为"神道碑"者，也有称此碑为"传记

---

[1] 民国《绵阳县志》卷九，《四川历代方志集成》本，国家图书馆出版社，2015年。

[2] 唐光孝：《绵阳西山蒋琬遗迹的现状与保护问题浅见》，《全国首届蒋琬文化学术文化研讨会论文集》（内部资料），第117页。

碑"或"本传碑"者。根据碑刻文字，称"本传碑"更为妥切，而称"神道碑"则误矣。

碑刻内容正是陈寿《三国志》之《蒋琬传》，不过并非全文镌刻，而是省略了本传后面蒋斌、蒋显兄弟自涪城降钟会到罹难成都，以及蒋琬表弟刘敏的事迹，亦即从"后主既降邓艾"开始到后面的132字，其中涉及斌、显兄弟的45字。从碑石看，尚有刻入这45字的空间。李象昺如此省略，除了颂扬蒋琬功德外，意在强化蒋琬安葬在绵州西山，故刻及蒋斌与钟会的书信往来便戛然而止了。碑文也是李象昺书石的，并加"谨按"云：

> 涪县即今绵州，《志》载侯墓在西山观。象昺于道光己酉春谒墓，见方碑有古篆不可辨，土人相传以为侯墓，为风雨所蚀，遂属在籍候选员外郎熊文华鸠工伐石封土，庶兹墓与兹山俱不朽云。
> 大清道光二十九年己酉三月署绵州知州长沙李象昺谨书。

李象昺再次简明记述其决定修复蒋琬墓的经过。这也表明这座碑与清代蜀中神道碑毫无相似之处。现存清代蜀中神道碑刻立于当时的交通要道旁，与坟墓之间可远可近，取决于当时的交通要道所在。而神道碑上的文字都是只有墓主的官称和姓名，别无其他内容，如渠县土溪镇的赵启贵神道碑阴刻着"皇清诰授武功将军赵公神道碑"（道光二十七年，1847年立），又如邻水柑子镇的李逢春神道碑阴刻着"诰封光禄大夫讳逢春李公之神道"，另有万源草坝镇的张必禄家族七座神道（乾隆至民国初年立）无一不是如此镌刻。根据五年后蒋琦淳《谒蒋恭侯祠墓诗并序》提供的信息，蒋琬墓神道碑正是刻立在州城北门外的川陕官道旁，可惜没有存留下来。可以肯定的是，现今当地人所称"神道碑"

实为"本传碑"。

修复蒋琬祠墓堪称绵州的一大文化盛举,不仅得到当时绅民的称道,而且受到后世官员的景从。作为这项工程的主导者,李象昺十分欣慰,赋诗二首以纪其事,其一《修复汉蒋恭侯祠墓》云:

一抔黄土尚留香,飈飚何年卧夕阳。
功勋雅名悬日月,模糊篆籀历星霜。
揭来凭吊披苔藓,赖有同心奠酒浆。
慷慨陈词邀祀典,风云终为护祠堂。

一时在绵的多位官绅亦咏诗以贺蒋琬祠墓之落成。时任左绵书院斋长唐存一作《李刺史修复蒋恭侯祠墓落成》诗云:

语到仙云齿亦香,蒋侯祠墓并流芳。
小心自可襄诸葛,大度尤能恕二杨。
一代名臣留片壤,千秋知己属同乡。
零陵公辅长沙守,南国文光信有光。

今蒋琬墓园大门上的对联即取自此诗中的"小心自可襄诸葛,大度尤能恕二杨"。唐存一既称颂蒋琬赞襄诸葛之功业,宽恕二杨之大度,又表彰李象昺修复蒋琬祠墓,增光南国文脉之举。

绵阳举人严履丰作《汉蒋恭侯祠墓》诗,除颂扬蒋琬佐诸葛丞相赞襄复汉大业外,对李象昺初到任上的治理效果,尤其是调查蒋琬墓址、组织修复蒋琬祠墓极力表彰。其诗云:

荆南才产何殊尤,武侯之亚有恭侯。
两人同心谋北伐,千古勋名壮益州。

第七章 病故绵左 魂栖西山

或附曹群忘蜀汉，荀陈大姓家风变。
建安忽易而黄初，二子之罪同于叛。
不有零陵蒋公琬，偏安王业谁共赞。
今上御极廿八年，长沙李公来刺绵。
一时气习颇秽恶，崔苻窃发弄戈铤。
按部焦心勤抚驭，披星戴月为民虑。
练团诣暴浑忘劳，编联保甲无嫌遽。
雷厉风行不少延，卖刀买犊安其天。
间有坟在西山侧，汉大司马名犹传。
亲到荒烟蔓草中，碑刻剥残难详细。
证以郡乘省墓门，确是蒋公葬玉地。
诸葛而后得斯人，子孙黎民胡不利。
呼匠磨珉树新碣，修明祀典光穸窆。
尤将本传刻于前，后世珍之如拱璧。
城中更有熊比部，与官一心谐愿力。
数千年人经表扬，我公洵是古循良。①

五年后的咸丰四年（1854），四川茶盐道蒋琦淳途经绵阳时看到李象昺在北门外刻立的蒋琬神道碑，便专程去西山拜谒了蒋琬祠墓。

蒋琦淳，广西全州人，道光二十年（1840）进士。② 其在《谒蒋恭侯祠墓诗并序》中自称蒋琬后裔③，对李象昺修复蒋琬

---

① 民国《绵阳县志》卷九，民国二十一年刻本。
② 秦国经主编：《清代官员履历档案全编》，第3册，第177页，华东师范大学出版社，1997年。
③ [清]王士禛：《池北偶谈》卷八载，蒋虎臣（超），金坛人，顺治丁亥进士第三人，"尝自谓蜀相蒋琬之后，在蜀与修《四川通志》，以琬故遍叩首巡抚、藩、臬诸司署前，其任诞不羁如此。"可见，清代自称为蒋琬之后的官员不只蒋琦淳一人。

祠墓大加赞赏。

……侯卒于涪，葬于涪。汉涪县即今绵州。侯墓在州治北八里西山之巅，久沦榛莽间。道光二十九年，李晓村刺史象昺邑绅熊丽堂比部文华诸人，表彰修葺之，砌以石而规其上，远望如亭，翼然复为祠，肖像以祀，请于朝，有司以春秋，将事甚盛典也。……琦淳家世全州为侯裔，以咸丰甲寅九月，奉権使之命入蜀，过绵见神道碑屹立涪水上，悚然趋谒墓前。平田千顷，山川襟带，气脉清淑。……祠在山之左麓，去墓半里，为堂三楹，塑像得雍穆之度。既拜谒瞻眺，复作诗五十韵，虽未能道扬盛烈，而窃幸亲至其地，借以纪岁月，并佩李、熊诸君子之高义于无穷云。李，长沙望族，吏蜀有声。熊，亦风雅士，乐善好施，州人亟称之。

忠雅开王业，艰难继老臣。
大名超费董，遗爱满峨岷。
国已三分改，才非百里抡。
翚飞崇栋榱，马鬣禁樵薪。
窈窕丹青肃，馨香俎豆虔。
余哀啼蜀魄，流恨动江湣。
忆昔炎精丧，咸推帝胄亲。
蚕丛疆日辟，鱼水契无邻。
茅土承周祚，渊源问楚津。
湘波澄浴德，衡岳峻生申。
蛟岂污池物，儒为聘席珍。
烹鲜聊小试，纵酒亦天真。
才大殊难用，居卑岂为贫。
微官甘落拓，坚质谢细磷。

第七章　病故绵左　魂栖西山

知己酬诸葛，空群遇乐歆。
青萍劳拂拭，白璧脱埃尘。
吉梦牛头卜，高衢骥足伸。
治中垂试暂，长史拜恩频。
素志齐元帅，清襟迈等伦。
食兵良具足，官府各平均。
转运崎岖地，飞腾战伐辰。
储胥长与护，帷幄赞如神。
功自侪萧相，人知借寇恂。
定教时雨降，忽报大星沦。
拔处群僚右，操持至伐钧。
忧欣忘在己，毁誉协同寅。
适莫情何有，孤危气益振。
守成期后主，作事媲前人。
愤愤讥诃息，休休度量臻。
风云今际会，雷雨大经纶。
总统纾筹策，驰驱念苦辛。
徙涪真得计，开府此来旬。
控扼三巴远，绸缪一疏陈。
西南连笮僰，东北赴梁秦。
但觉雄图阔，堪悲历数屯。
天威师未出，地火井还堙。
未了偏安局，重怜尽瘁身。
从兹光汉鼎，永令作虞宾。
神道瞻绵左，祠堂傍涧滨。
异乡情信羡，旧治俗尤淳。
归鹤依华表，盘螭刻翠珉。
文辞哀赞古，祀典圣朝新。

下拜犹倾会，伤亡特悯斌。

夫人终故里，季子奉明禋。

梅毓孙枝秀，瓜绵祖德纯。

龙潭迁历历，螽羽咏诜诜。

贱子初衔命，征途适向晨。

读书怀骏烈，展墓信前因。

遗像凌松柏，寒泉荐藻蘋。

南湘看不隔，宰树万山春。①

2. 第二次修复

咸丰十一年（1861），蒋琬祠在"李蓝起义"中遭到毁坏。同治四年（1865），即在第一次修复的十六年后，绵州知州文棨再次约请富绅熊文华修复。同治《直隶绵州志》记载：

咸丰十一年，祠毁于兵。州牧文棨修复之。

所谓"毁于兵"，即指蒋琬祠庙在李永和、蓝朝鼎起义军与清军的战斗中遭到毁坏。"李蓝起义"在历史文献中称作"李蓝之乱"，亦作"滇匪之乱"。

咸丰九年（1859）秋，李永和、蓝朝鼎在云南昭通发动起义，并迅速攻入川南，夺取了富顺产盐区的财富，向川西和川北进攻。

咸丰十一年（1861）春，蓝朝鼎率领十万之众围攻绵州城，并攻占了安县、魏城、彰明、江油等外围县城，实力大增。尽管时署绵州的唐炯坚守城池，确保不破，但城郊各重要点位都被义军占领。八月，新任四川总督骆秉章亲率湘军自顺庆（今四川南

---

① 清同治《直隶绵州志》卷十八，清同治十二年刻本。

第七章 病故绵左 魂栖西山

充）增援绵州，迅猛反击围攻绵阳的蓝朝鼎部，大败之，遂解绵州之围。[1]

蒋琬祠墓所在的西山，是绵州城西郊的制高点，自然成为蓝朝鼎部围攻绵州的重要支点，也是骆秉璋解绵州之围的争夺重点。由此造成蒋琬祠在这场战火中遭到损坏。

根据同治《直隶绵州志》提供的信息，损坏部分主要是道光年间修建的蒋琬祠；毁祠责任被推到蓝朝鼎一方，即所谓"毁于贼"。而这部同治《直隶绵州志》是战后出任绵州知州的文棨主持编修的，所记未必客观真实。实际上，蒋琬祠是清军还是义军毁坏的，绵阳历史文献没有留下确切的记载。不过，义军毁坏的可能性更大，因为蒋琬是被清廷列入国家祀典的，毁坏此祠即为其反清的内容了。

知州文棨到任，决定重修蒋琬祠。参与第一次修复蒋琬祠墓的熊文华仍然健在，同十六年前一样，他又一次主持和资助了蒋琬祠庙的修复工作。

这次修复的蒋琬祠最大的不同是，在祠内加祀了欧阳修之父欧阳观，因而该祠一度被称为"蒋欧祠"。欧阳观曾担任绵州推官，其增祀于蒋琬祠在很大程度上得益于其子欧阳修在宋代以后的巨大影响力。

蒋琬祠落成之日，知州文棨率绵州官员前往拜祭，并赋《熊丽堂重修蒋公祠落成偕僚属展祀赋诗纪盛》诗云：

> 蜀汉已千秋，名臣祀典优。
> 感君扶大雅，使我忆前游。
> 瞻拜新祠宇，重登旧佛楼。

---

[1] 清同治《直隶绵州志》卷二十，《四川历代方志集成》本，国家图书馆出版社，2015年。

廿年一回首，风景不胜愁。①

3. 第三次修复

光绪年间蒋琬墓祠又得到了一次整修。这次整修是由龙安知府蒋德钧主持完成的，主要工作是完善墓园设施。

蒋德钧（1852—1937），本名伯卣，字少穆，更名德钧，字本邕，湖南湘乡人。蜀汉名臣蒋琬后裔。清末官吏，曾任四川龙安知府，在任十一年，清廉勤敏，政声卓著。江油至今保存有当地绅民所建"蒋公德政坊"，撰文勒石以记其德政。

蒋公德政坊修建于光绪十七年（1891），原址在四川江油市青莲镇五家坡，1984年整体搬迁至江油城内太白公园。坊高8.4米，宽7.3米。正额为"恺悌同思"，右额"除暴"，左额"安良"。牌坊在"5·12汶川特大地震"中受到损坏，河南援建队予以修复，现仍矗立在太白公园内主道上。

蒋德钧热衷于文化建设，在任期间倡修匡山书院，编辑《匡山图志》，修建李太白祠。而龙安府与绵州交界，知府的常驻地彰明距绵州城更是近在咫尺。在拜谒蒋琬祠墓时，自称"裔孙"的蒋德钧自然要有所作为。

虽然至今仍然能看到蒋德钧刻立的墓碑，但民国《绵阳县志》的编修者只字不及蒋德钧修缮之事，幸有蒋氏自己撰写的《先恭侯墓园跋》存留，据此跋尚可窥见其修复蒋琬祠墓之一斑。

  侯卒，葬涪县，今四川绵阳也。自晋逮国朝，墓或治或不治，不可考。道光二十九年，州牧李象昺封墓建祠，请列祀典。咸丰十一年，祠毁于兵，州牧文棨修复之。光绪八年，德钧出守龙安，密迩侯墓，既肃谒祀，

---

① 民国《绵阳县志》卷九，民国二十一年刻本。

第七章 病故绵左 魂栖西山

视冢石、翁仲、石马之属多有圮裂者,募工重葺。更植松柏三百本,而写图以贻族人。

裔孙湘乡德钧谨识。

由此可知,蒋德钧这次修整蒋琬墓园主要做了四项工作:

一是重新刻立墓碑于墓冢之正后方。碑正中竖刻"蒋恭侯墓"四个大字,右上方署时"光绪庚寅四月",左下方署名"知龙安府军湘乡裔孙德钧重修"。"知"字前还有文字,现已剥落,无法识读,查当地文史著作得知,其前面四字为"三品顶戴"。光绪庚寅即十六年(1890),今人据此以为蒋德钧修墓于此年。墓之正前方原本已有李象昺题刻的墓碑,蒋德钧又重新刻立一块墓碑,不知最初立于何处,现移立于墓冢后的另一层石坎上。

二是募工匠修补圮裂的冢石、石翁仲、石马。距第一次修复三十余年,距第二修复才过去十七八年,这些石质配件应该不会有太大的损坏,其"重葺"的圮裂部分不会太多,而第二次修复前的残存冢石又不具备修复的技术手段。

三是植松柏三百本。西山地近绵州州城,旧时市民以柴草为燃料,早在民国初年已无树木存留。从1914年拍摄的照片上可以清楚地看到,整个山坡光秃秃的,一棵松柏也没有。今天西山公园内树木茂盛,主要是20世纪80年代以后培植起来的。

四是绘制祠墓图画,寄回湖南老家,供族人瞻仰。蒋德钧自称"裔孙",回到家乡后又主持编修《蒋氏通谱》,在此谱中尚可见到当时绘制的蒋琬墓园图画。其父蒋泽沄收到蒋琬祠墓图画后十分欣喜,即兴赋诗云:

绘图诒梓邦,谛观还往复。
仰维社稷器,清芬愧似续。
为政屏修饰,安民德弥淑。

129

龙州虽偏小，绳武缅芳躅。①

这首诗既是对其远祖蒋琬为政以安民为先的赞美，也是对其子德钧治理龙安府的勉励。

4. 第四次修复

1914 年，法国考古学家色伽兰来到绵阳西山，在西山寺内见到蒋琬碑石残存于一小亭中，上刻"汉大司马蒋琬恭侯祠"九字。②这块碑或许就是李象昺题写的"汉大司马蒋恭侯墓"碑，只是录入时多出了一个"琬"字。色伽兰在《中国西部考古记》中没有记录蒋琬墓的保存情况，只有蒋琬墓的图片收集在其《中国考古调查团图录》中。由于图片再现的只是山顶的坟墓，无从得见山下的祠庙。据色伽兰拍摄的蒋琬墓冢照片，当时的西山顶上光秃秃的，除几座墓冢外，没有任何建筑和树木存留。这就是清末民初动荡时期蒋琬墓的保存状况。

1919 年，驻守绵阳的川军第五师参谋长蒋纶与知县李凤梧倡议集资整修蒋琬祠。地址仍然在西山仙云观下，应该是在道光年间李象昺和熊文华所建"欧阳崇公祠"的基址上重建。民国《绵阳县志》没有交待蒋纶此举的动机，或同蒋德钧一样敬奉蒋琬为其祖先。

这次修建工程主要包含五个项目：一是修建正殿三楹，主祀蒋琬，增祀欧阳观，因而该祠又称作"蒋欧祠"③。二是在正殿东西修建事厅。三是左右厢房共建横舍十间。四是用石头砌筑围栏，使整修后祠堂呈现为一座庭院。五是刻挂楹联。第五师师长

---

① [清]蒋泽沄：《容川诗抄》卷三，《清代诗文集汇编》，上海古籍出版社，2010 年，第 758 页。
② 郑德坤：《四川古代文化史》，巴蜀书社，2004 年，第 188 页。
③ 民国《绵阳县志》卷二，《四川历代方志集成》本，国家图书馆出版社，2015 年。

吕超为蒋琬祠创作的楹联云:"室护风云,与丞相祠堂并峙;山排旗鼓,看将军壁垒常新。"同时,也袭用了李象昺为蒋琬祠庙撰写的楹联:"其心厚于仁,有子何惭祀百世;与我皆无憾,先生此语足千秋。"

这次整修后的蒋欧祠,整体规模较道光年间修建的蒋琬祠更加宏伟。

5. 第五次修复

这次蒋琬祠庙和墓园的修复是由绵阳市人民政府主导的。

1967年,蒋琬墓作为"破四旧"的对象遭到严重破坏。其墓仅存封土堆,其祠则荡然无存。

在改革开放的热潮中,绵阳市对蒋琬墓进行了修复,从周边农田和山坡上将"破四旧"时被捣毁的墓碑、翁仲、石马、石蟠螭和墓顶上的石帽收集起来,再把李象昺书刻的墓碑立于冢前,蒋德钧书刻的墓碑立于冢后,墓顶上的石帽则放置在冢前作为祭台,石蟠螭、石马、翁仲对立在神道两旁,然后修建了围墙,形成一个封闭的墓园。墓园建有仿古大门,门额上镌刻着魏传统题写的"蒋琬墓"三个大字,门联则是直接从清代左绵书院山长唐存一《李刺史修复蒋恭侯祠墓落成》诗中摘取的"小心自可襄诸葛,大度尤能恕二杨"。大门外左右对立着对石狮子。这座大门使整个墓园显得庄严肃穆,气派非凡。

1986年,蒋琬墓被列为绵阳市文物保护单位(图5 绵阳西山蒋琬墓园大门)。

当然,这里也给我们留下了一个疑问:今天神道旁的石蟠螭是否为蒋琬墓的原有配置?在同治《直隶绵州志》中明确其配置只有"翁仲二、石马二",没有提及"石蟠螭二"。在1914年的蒋琬墓照片上也只能看到墓前对立的翁仲。而今天神道旁多出了一对石蟠螭,令人不得不思考其来历,即石蟠螭是光绪年间蒋德钧增置的,还是从其他地方移置的。

西山是一个文化资源富集的地方，山顶有绵阳市文物保护单位蒋琬祠墓，山脚有扬雄子云亭，山麓有全国重点文物保护单位隋唐道教石刻造像，以及扬雄读书台等文物点位。1987年，绵阳决定修建"西山公园"。经过各个承建单位两年的努力，1989年"西山公园"基本建成。

蒋琬祠墓和扬雄子云亭作为西山公园的文化核心，也在公园建设中得以修复。其中蒋恭侯祠是在1990年竣工的，其后有过几次布陈和展陈提升，现在呈现的是2014年的展陈状况（详见第九章）。

四、遗物留芳

蒋琬墓在清末民初的社会大动荡中遭到了较大破坏。从旧照片可见，墓冢突兀，一片荒凉。墓内随葬物品或被盗窃。据相关材料，民国时期绵阳县政府曾征集到蒋琬墓中之物，称作"蒋琬带钩"，现藏于四川博物院。

四川省博物院的介绍材料称，蒋琬带钩于20世纪30年代在绵阳蒋琬墓出土，以青铜打造，整体形状像琵琶，钩头用于勾连革带一端，钩体起到固定革带另一端的作用，钩体上有龙凤图案和五颗排列规整、如五边形的星点，上面镶嵌的绿松石已脱落，钩柄较长，正面有北斗七星图案，点缀绿松石（图8　收藏于四川博物院的蒋琬带钩）。

特别值得注意的是，"蒋琬带钩"的钩柄两侧有汉隶铭文72字：

　　　　帝尧所作，钩无短长。
　　　　前适自中，后适自傍。
　　　　主以辟兵，天圆地方。

戴日报月，北斗列列。
三昭在阙，旋玑玉衡。
□□宫卫，常保社稷。
传于子孙，玉石金精。
带敖四方，永无祸殃。
寿比山海，与天相望。

虽然无法据此铭文判定其确系蒋琬带钩，但出土于蒋琬墓亦言之凿凿，不得不置信其为蒋琬之故物。

第八章　斌显克绍　罹难成都

蒋琬有两个儿子：蒋斌和蒋显，分别任绥武将军、汉城护军和太子仆。汉城护军为实职，即蜀汉在汉中修建的一座军事堡垒的驻军主将。太子仆为东宫官属，掌太子车马乘骑。蒋斌和蒋显兄弟在蜀汉后期的军界和政坛上皆有一席之地，是蒋琬研究中不可忽略的。

一、镇守汉城

据《三国志》的相关记载，蒋斌和蒋显兄弟经历了蜀汉灭国的全过程，并罹难于"成都之变"。

司马昭在"高平政变"中清除曹爽集团，完全掌控了曹魏政权，随后开始了消灭东吴、蜀汉的战争准备。在司马昭看来，蜀汉小国，资力单竭，大将军姜维却频繁侵扰其西部边陲，于是确定"先蜀后吴"的统一战略。

景元三年（262）冬，司马氏摆出声东击西的迷阵，一面以钟会为镇西将军，假节，都督关中诸军事；另一面则令青、徐、兖、豫、荆、扬诸州建造船只，佯为伐吴做准备。

实际上，司马氏的布局并没有骗过尚在沓中的蜀汉大将军姜维。景耀六年（263）初，姜维通过魏军在关中的调动情况分析，认为魏军可能发动大规模的对蜀战争，并及时将这一情况奏报后主刘禅：

> 闻钟会治兵关中，欲规进取，宜并遣张翼、廖化督诸军分护阳安关口、阴平桥头，以防未然。[1]

阳安关口即关城，是沿金牛道进入巴蜀腹地的最后一座军事堡垒。阴平桥头，即今甘肃文县之玉垒关[2]，是沿阴平道进入巴蜀腹地的最后一座军事堡垒。故姜维建言调左车骑将军张翼、右车骑将军廖化分别都督大军加强防御。可惜弄权宦官黄皓不相信姜维的奏报，却相信鬼巫的神测预言，认为魏军最终不会深入巴蜀腹地，并奏启后主封锁了这条关乎蜀汉存亡的情报，以致在朝群臣都不知此事。

同年秋天，魏军正式发起灭蜀战争。西路由镇西将军都督陇右诸军事邓艾、雍州刺史诸葛绪统率诸军三万余人，趋甘松、沓中，牵制和堵截姜维大军返蜀。中路由镇西将军、假节、都督关中诸军事钟会统率主力十余万众，分两路分别从斜谷、骆谷向汉中进发。东路由魏兴太守刘钦趋子午谷。魏军四路并进，"诸军数道平行，至汉中"[3]。

后主刘禅急忙敕令北疆诸军不得出战，固守汉中两大军事堡垒汉城和乐城。此二城是诸葛丞相驻节汉中时修建的两座军事城堡，驻守大军，囤积军资，以备攻防曹魏。据《华阳国志》，"蜀时以沔阳为汉城，成固为乐城"[4]。据张东先生的调查研究，汉

---

[1] ［晋］陈寿：《三国志》卷四十四《姜维传》，中华书局，2013年，第1065—1066页。

[2] ［晋］常璩著，刘琳校注：《华阳国志》卷七《后主志》，成都时代出版社，2007年，第319页。

[3] ［晋］陈寿：《三国志》卷二十八《钟会传》，中华书局，2013年，第787页。

[4] ［晋］常璩撰，刘琳校注：《华阳国志》卷二《汉中志》，成都时代出版社，2007年，第60页。

城在汉中之西的勉县元山上，又称西乐城。乐城在汉中之东城固庆山上，《汉中府志》称作"赤土坡城"。两座城堡所在地至今尚有遗迹存留。① 而此时固守汉城的主将正是绥武将军蒋斌。

早在延熙十六年（253）大将军费祎在汉寿被曹魏降将郭循杀害后，继任大将军姜维便调整了蜀汉北疆的防御部署，即改变了都督魏延镇守汉中所创建的"围守"之法，集中兵力驻守汉城和乐城。而蒋斌就是在这次防御部署调整中出任汉城主将的。

> 初，先主留魏延镇汉中，皆实兵诸围以御外敌，敌若来攻，使不得入。及兴势之役，王平捍拒曹爽，皆承此制。维建议，以为错守诸围，虽合《周易》"重门"之义，然适可御敌，不获大利。不若使闻敌至，诸围皆敛兵聚谷，退就汉、乐二城，使敌不得入平，且重关镇守以捍之。有事之日，令游军并进以伺其虚。敌攻关不克，野无散谷，千里县粮，自然疲乏。引退之日，然后诸城并出，与游军并力搏之，此殄敌之术也。于是令督汉中胡济却住汉寿，监军王含守乐城，护军蒋斌守汉城，又于西安、建威、武卫、石门、武城、建昌、临远皆立围守。②

姜维的防御之术，是放任敌入汉中，坚壁而相扰，待其疲乏，集聚而歼之，完全改变了魏延都督汉中时的层层截堵，拒敌于国门之外的防御策略。姜维按照自己这套"殄敌之术"，重新部署北疆防御：汉中都督胡济内移汉寿（今四川昭化），北疆防御以汉城和乐城为核心，分别由蒋斌和王含为主将，西安、建威

---

① 张东：《称王故里话鼎立》（内部资料），第337页。
② ［晋］陈寿：《三国志》卷四十四《姜维传》，中华书局，2013年，第1065页。

等七个"围守"堡垒为外围。

钟会大举入蜀,后主敕令汉中诸"围守"蜀军退入汉、乐二城,可钟会并未在二城纠缠,而是绕过二城,直接攻取阳安关口,从而深入巴蜀腹地。因而,后世史学家并不看好姜维的防御部署,南宋郭允蹈对此予以全面否定和尖锐批评,甚至把蜀汉灭亡归咎于这样的防御部署。

> 蜀之门户,汉中而已。汉中之险要,在汉魏则阳平而已。武侯之用蜀也,固阳平之围守,而分二城以严前后之防。其守也,使之不可窥,而后其攻也,使之莫能御,此敌所以畏之如虎也。姜维之退屯于汉寿也,撤汉中之备,而为行险侥幸之计,则根本先拔矣。异时钟会长驱直入,曾无一人之守,而敌已欣然得志。初不必邓艾之出江油,而蜀已不支,不待知者而能见。呜呼!姜维之亡蜀也,殆哉![1]

客观地说,姜维这种防御部署在抵御曹军南下和减轻军民转运负担两个方面都起过一些实际作用。钟会大军即使绕过二城南下,直取阳安关口(今陕西勉县古阳平关)。在久攻剑门关不克时,汉城和乐城亦成为其后顾之忧,钟会甚至萌生撤退之念。

> 蜀监军王含守乐城,护军蒋斌守汉城,兵各五千。会使护军荀恺、前将军李辅各统万人,恺围汉城,辅围乐城。会径过,西出阳安口,遣人祭诸葛亮之墓。使护军胡烈等行前,攻破关城,得库藏积谷。姜维自沓中

---

[1] [宋]郭允蹈撰,赵炳清校注:《蜀鉴》卷三《姜维出师陇右》,国家图书馆出版社,2010年,第77页。

还，至阴平，合集士众，欲赴关城。未到，闻其已破，退趣白水，与蜀将张翼、廖化等合守剑阁拒会。①

蒋斌与王含各自领军五千，固守城堡。钟会令护军荀恺和前将军李辅各统万人，分别围攻汉城和乐城，并非郭允蹈所谓"无一人之守"，当然也未出现姜维预想的"敌攻关不克，野无散谷，千里县粮，自然疲乏"的局面，更不必说"围而歼之"了。

钟会没有在汉城和乐城与蒋斌、王含所部蜀汉守军进行无休无止的纠缠，而是一方面致书蒋斌，对其父蒋琬深表敬意，询问蒋琬墓址，拟往祭扫，以笼络蜀汉之人心，瓦解蜀军之斗志。

> 魏大将军钟会至汉城，与斌书曰："巴蜀贤智文武之士多矣，至于足下、诸葛思远，譬诸草木，吾气类也。桑梓之敬，古今所敦。西到，欲奉瞻尊大君公侯墓，当洒扫坟茔，奉祠致敬。愿告其所在！"斌答书曰："知惟臭味意眷之隆，雅托通流，未拒来谓也。亡考昔遭疾疢，亡于涪县，卜云其吉，遂安厝之。知君西迈，乃欲屈驾修敬坟墓。视子犹父，颜子之仁也，闻命感怆，以增情思。"会得斌书报，嘉叹意义，及至涪，如其书云。②

另一方面，亲率主力绕过汉、乐二城直赴阳安关口，命护军胡烈等攻打进入巴蜀腹地的最后一座堡垒关城。阳安关口，在历史文献中又称关城，亦即白马城。据《三国志·后主传》，建兴

---

① ［晋］陈寿：《三国志》卷二十八《钟会传》，中华书局，2013年，第787—788页。

② ［晋］陈寿：《三国志》卷四十四《蒋琬传》，中华书局，2013年，第1059页。

五年（227）春，丞相诸葛亮出屯汉中，"营沔北阳平石马"。建兴七年（229），这座城堡建成，诸葛亮徙府营于南山下原上，并开始营建汉城和乐城。据张东先生的调查研究，白马城的"具体位置在勉县老城东关土城"，至今尚有遗迹存留。①

后主听信黄皓之言，没有在战争初起时采纳姜维调张翼来此镇守之建议，仍然由傅佥镇守，还起用被罢免的武兴都蒋舒协助其驻守关城。蒋舒竟然以出兵迎战为名，开城投降以发泄其被罢免之私愤。②魏将胡烈乘机攻破关城，傅佥战死，关城破。魏军不仅得到了汉蜀的库藏积谷，充实了军需，解决了军粮不继的后顾之忧，而且洞开了进入巴蜀腹地的大门。

姜维、张翼、廖化等众将得知汉中关城失守，被迫紧急退守剑门关，而蒋斌和王含仍然固守着汉、乐两座孤城，威胁着魏军的补给线。

二、奉诏归降

景元四年（263）冬，蒋斌奉后主敕令到涪城归降钟会，而送达这份归降敕令的正是其弟蒋显。

初，钟会大军抵达剑门关，被姜维、张翼、廖化等所部蜀军堵截在关下，无法破关南下，乃致书姜维等人以示好和劝降：

> 公侯以文武之德，怀迈世之略，功济巴、汉，声畅华夏，远近莫不归名。每惟畴昔，尝同大化，吴札、郑乔，能喻斯好。③

---

① 张东：《称王故里》（内部资料），第338页。
② ［晋］陈寿：《三国志》卷四十四《姜维传》注引《蜀记》，中华书局，2013年，第1066页。
③ ［晋］陈寿：《三国志》卷四十四《姜维传》，中华书局，2013年，第1066页。

姜维不予理会，列营守险。钟会大军无法攻破关隘，加上后勤补给困难，便有回师北撤之议。

西路军邓艾却自作主张，变偏师为主攻，在直扑成都的途中便迫降了后主刘禅。邓艾追击姜维至阴平，发现姜维所率蜀军主力已退入蜀中，于是简选精锐，奔袭成都。这支奇兵偷越阴平道，袭破江油关，直捣成都。后主慌忙派行都护、卫将军、平尚书事、诸葛亮之子诸葛瞻率军前去抵挡。可诸葛瞻抵达涪城后，便逗绕不进。尚书郎、黄权之子黄崇"屡劝瞻宜速行据险，无令敌得入平地。瞻犹豫未纳，崇至于流涕"①。及得知邓艾已破江油关，乃退至绵竹（今四川德阳黄许），截堵邓艾所部曹军，最终被邓艾击败，诸葛瞻、张遵等蜀将战死。

邓艾率军直抵雒城（今四川广汉），威逼成都。雒城既是蜀汉行都成都的北大门，一直有常驻军队守护，故史书中有"雒围"之载。雒围也是蜀汉北疆大军粮储囤积基地。汉时曾经发雒、绵竹、新都、郪、涪五县民工在雒城修建"万安仓"。蜀汉直接继承了这笔汉室遗产，袭用此仓，以囤积粮食，驻军防护。

雒城的失守让成都的蜀汉君臣和军民陷入极度恐慌。百姓避逃乡间，朝臣则积极商讨应对之策，并提出了两个避战求存的方案："或以为蜀之与吴，本为和国，宜可奔吴；或以为南中七郡，阻险斗绝，易以自守，宜可奔南"②。时任光禄大夫谯周对此进行辩驳，认为"自古无寄国为天子者"，入吴无异于灭国，况魏既能灭蜀，亦能灭吴；而南中虽号称七郡，却是人烟稀少的蛮荒之地，且不说能否支撑一个流亡政权，魏军亦绝不会允许其政权流亡延续，势必穷追不舍。从而否定了这两个方案，进而提出献城投降的新方案，以为如此可以保全军民性命，避免流血牺牲。

---

① ［晋］陈寿：《三国志》卷四十三《黄权传》，中华书局，2013年，第1045页。
② ［晋］陈寿：《三国志》卷四十二《谯周传》，中华书局，2013年，第1030页。

第八章　斌显克绍　罹难成都

后主最终采纳了谯周的方案,并"遣尚书郎李虎送《士民簿》,领户二十八万,男女口九十四万,带甲将士十万二千,吏四万人,米四十余万斛,金银各二千斤,锦绮彩绢各二十万匹,余物称此"①。蜀汉就此覆亡。自先主刘备称帝到后主刘禅投降,立国43年。

为纪念自己覆灭蜀汉的盖世之功,邓艾"使于绵竹筑台以为京观,用彰战功。士卒死事者,皆与蜀兵同共埋藏"②。这一举动触犯了司马氏的忌讳。

景初二年(238),司马懿平定辽东公孙渊之反叛,诛杀公孙渊属下官民七千多人,"筑为京观"③。

甘露三年(258)春,司马昭平定诸葛诞在寿春的叛乱,亦筑京观,以纪其功。魏帝诏书云:

> 古者克敌,收其尸以为京观,所以惩昏逆而章武功也。汉孝武元鼎中,改桐乡为闻喜,新乡为获嘉,以著南越之亡。大将军亲总六戎,营据丘头,内夷群凶,外殄寇虏,功济兆民,声振四海。克敌之地,宜有令名,其改丘头为武丘,明以武平乱,后世不忘,亦京观二邑之义也。④

邓艾竟然把自己平定蜀汉之功抬高到与司马懿、司马昭同等的地位,这为钟会诬告其谋反提供了一个重要口实。

---

① [晋]陈寿:《三国志》卷三十三《后主传》注引王隐《蜀记》,中华书局,2013年,第901页。
② [晋]陈寿:《三国志》卷二十八《邓艾传》,中华书局,2013年,第779页。
③ [宋]司马光:《资治通鉴》卷七十四《魏纪六》,中华书局,1956年,第2337页。
④ [晋]陈寿:《三国志》卷四《三少帝纪》,中华书局,2013年,第141页。

京观，按照杜预的解释，"积尸封土于其上，谓之京观"。用今天的话说，就是埋葬阵亡将士的集墓，故而古时民间又称作"骷髅台"者。然其本身有着炫耀武功之意，加上集墓又让生活在这一区域的人们厌恶，而"京观"之义又不为大众所接受，后世历史文献鲜称"京观"者，而多称"平蜀台"。

绵竹平蜀台在唐宋时期成为这一带重要的文化景观。《元和郡县图志》记载："邓艾平蜀京观，在县北三十三里。艾以景元四年征蜀，大破诸葛瞻于绵竹，筑台以为京观。"[1] 邓艾最初修筑"京观"应该有两层意思：一是张扬其平定蜀汉的功勋，二是埋藏双方阵亡将士的遗体。可后世只关注前者而忽略后者。《太平寰宇记》载："昔魏将邓艾破蜀将于此。邓艾平蜀京观，一名平蜀台，以景元四年入蜀，破诸葛瞻，因筑台以为京观。"[2] 直接把"京观"改记作"平蜀台"。据同治《直隶绵州志》，清时当地干脆改称"平蜀台"为"将台"，云"邓艾平蜀，筑台耀武，俗呼将台，高二三丈"[3]，其"耀武"的性质一直不曾改变。

后主投降后，立即派遣使者出使蜀汉驻军大营"围守"，敕令蜀军"投戈释甲"，并至指定地点涪城向魏军投降。时任太仆蒋显受后主派遣，到达姜维军中，敕令其投降。[4] 至于后主为何以太仆蒋显为前往剑门的使者，可能同蒋氏父子与大将军姜维的关系相关。诸葛亮在培养蒋琬为继承人的同时，也在刻意培养姜维的军事才能，并融洽蒋、姜之关系。

姜维，字伯约，天水冀人。初为曹魏天水郡中郎，参本郡军

---

[1] ［唐］李吉甫：《元和郡县图志》卷三十一《剑南道上》，中华书局，2005年，第778页。

[2] ［宋］乐史：《太平寰宇记》卷七十三，影印文渊阁《四库全书》本，台北商务印书馆，1986年。

[3] 清同治《直隶绵州志》卷十四，《四川历代方志集成》本，国家图书馆出版社，2015年。

[4] ［晋］陈寿：《三国志》卷三十三《后主传》注引王隐《蜀记》，中华书局，2013年，第901页。

第八章　斌显克绍　罹难成都

事。建兴六年（228），诸葛亮再出祁山时收服姜维，对其赏识有加，初为仓曹缘，加奉义将军，封当阳亭侯，还致书丞相府长史张裔和参军蒋琬，盛赞其曰："姜伯约忠勤时事，思虑精密，考其所有，永南、季常诸人不如也。其人，凉州上士也。"永南，即丞相府西曹掾李邵。季常，即先主朝侍中马良。此时李、马二人皆已去世，但在时人心目中向以才能著称。在诸葛亮眼里，李、马这样的人才也比不上姜维。

由于蒋琬远离战场，不悉军事，诸葛亮便有意培养姜维的军事才能，以补蒋琬之不足。其在给蒋琬的信中还说："须先教中虎步兵五六千人。姜伯约甚敏于军事，既有胆义，深解兵意，此人心存汉室，而才兼于人，毕教军事，当遣诣宫，觐见主上。"蒋琬主政后即如诸葛亮之遗愿，辟姜维为大司马府司马，分掌军事，旋升为镇西大将军、凉州刺史，负责实施"衔持河右"的战略计划。姜维接任大将军后，又以蒋斌为绥武将军、汉城护军，即汉城蜀军主将。足见，蒋氏父子与姜维关系非同一般。

钟会在剑门关下得知邓艾大败蜀军于绵竹，并迫降了后主刘禅，立即打消了北撤的念头，移师于涪城，接受剑门和汉城、乐城等地大营的蜀军归降，同时在涪城进行接管成都蜀汉政权的准备工作。姜维得知诸葛瞻兵败绵竹，而来自成都的消息更加真假难辨，或传后主刘禅将固守成都，或说朝廷将东下江州（今重庆市中区），或称后主将逃往南中。为证实这些消息的真假虚实，以便确定下一步的行动，姜维亲率大军离开剑门，绕道梓潼郡郪县（今四川三台郪江镇）以趋向成都。

蒋显在郪县遇到大将军姜维，向姜维送达了后主的投降敕书，要求姜维到涪城向钟会投降。尽管蜀军"将士咸怒，拔刀砍石"，但姜维还是坚决执行了这道投降敕令，当即向追击他的魏将胡烈解甲投戈，再赴涪城向钟会投降。

蒋显与姜维一起前往涪城，受到钟会的热情接待。钟会于蒋显"爱其才学"①；对姜维更是赞誉有加，称其"真英雄儿也"，还说："姜伯约比中州名士，夏侯太初、诸葛公休不如也。"夏侯太初，即夏侯玄。诸葛公休，即诸葛诞，中州名士。钟会与姜维"出则同车，半则同席"②，十分亲善。

蒋斌本为大将军姜维部属，自然会得到由姜维转来的投降敕令，便从汉城回到涪城，归降钟会。实际上，固守汉城和乐城的军事价值在于剑门等内地的蜀军仍然在继续抵抗魏军。如此，则截断了魏军的后方补给。一旦内地蜀军解甲投降，那么汉城和乐城的孤守就毫无意义了。其他郡县的守将也是如此，如成都邻近的郫县令常勖，邓艾伐蜀，"威振西土。诸县长吏或望风降下，或委官奔走，勖独率吏民固城拒守"③，但得到后主檄令，便诣邓艾投降了。蒋斌同他们一样，毫无折扣地执行后主的投降敕令，受到钟会的礼遇，未受降将之辱。史载，"斌诣会于涪，待以交友之礼"。钟会还按照在汉中时与蒋斌的书信所言，亲临蒋琬墓，洒扫祭拜，得以笼络人心，与蒋氏兄弟友好相处。

三、兵乱遇害

蒋斌和蒋显兄弟本来因后主的投降敕令可以在这场蜀汉覆国的大变局中生存下来，甚至获得更高一级的社会政治地位，可很快就因钟会反叛曹魏所酿成的"成都之变"而死难。

钟会在攻打剑门关时便开始了排除异己、独揽大权的行动，待接受姜维和蒋斌等投降后，其政治野心急剧膨胀。

---

① ［晋］陈寿：《三国志》卷四十四《蒋琬传》，中华书局，2013年，第1060页。

② ［晋］常璩著，刘琳校注：《华阳国志》卷七《刘后主志》，成都时代出版社，2007年，第321页。

③ ［晋］常璩著，刘琳校注：《华阳国志》卷十一《后贤志》，成都时代出版社，2007年，第476—477页。

第一步，兼并诸葛绪所部人马。雍州刺史诸葛绪本来隶属于都督陇右诸军事邓艾，其主要任务是在阴平桥头阻止姜维所部蜀军返回蜀中，但被姜维虚晃一枪，造成任务失败。邓艾在指责诸葛绪的同时，要求诸葛绪率部与自己一同直捣成都。诸葛绪以未奉西进之命为由拒绝，自行向南行进，企图到白水关与钟会会合。钟会暗行"弃将并兵"之术，竟然密奏朝廷诸葛绪"畏懦不进"。司马昭下令将诸葛绪以"槛车征还"，钟会顺利接收诸葛绪所部兵马。

第二步，诬告邓艾谋反。邓艾最初的战略目标是牵制和堵截姜维大军回蜀抗魏，但这个目标因诸葛绪的失误而未能实现。他到达阴平后，发现姜维已返回剑门，便自作主张，奔袭成都，实现了覆亡蜀汉政权的战略目标。但他从此狂妄自大，独断专行。

邓艾在成都接收蜀汉政权，封拜蜀汉旧臣，且筑"京观"以彰其功。钟会及司马夏侯咸、护军胡烈、卫瓘等所率魏军主力反而无功。钟会利用诸将的嫉恨心理联名密奏邓艾反状，司马昭遂令钟会进军成都总理大局，又令卫瓘"槛车征艾"。钟会在巴蜀所忌惮者惟有邓艾，"艾既禽而会寻至，独统大众，威震西土。"[①] 顺利扫除了其反叛曹魏的最大障碍。

第三步，伪称奉曹太后遗诏公开反叛。钟会自以为"功名盖世，不可复为人下，加勇猛将锐卒皆在己手，遂谋反"[②]。景元五年（264）正月十五日，钟会召集牙门将以上将领和蜀汉旧官，宣布奉曹太后遗诏，起兵征讨司马昭，并拟定了蜀军在前、魏军随后，攻占关中、进取洛阳的行动计划。

姜维建议诛杀一批不愿反叛的魏军将官，而钟会犹豫不决。

---

① ［晋］陈寿：《三国志》卷二十八《钟会传》，中华书局，2013 年，第 791 页。
② ［晋］陈寿：《三国志》卷二十八《钟会传》，中华书局，2013 年，第 791 页。

监军卫瓘故意放出钟会将反叛并诛杀不从将士的消息,魏军中一时风传:钟会已挖好大坑,欲坑杀将士。魏军将士怒不可遏,蜂拥而至,冲入蜀汉旧宫,杀向钟会、姜维等人,酿成一场血腥屠杀。据《三国志·钟会传》,"将士死者数百人"[①],其中就有蒋斌和蒋显兄弟。

在钟会由涪城到成都的行进途中,蒋斌和蒋显兄弟一直相随,他们支持或参与了钟会反叛的谋划。正因为斌、显兄弟深得钟会赏识,并随钟会一起前往成都,接收蜀汉政权,遂被魏军认定为钟会的支持者,与一些亲近钟会的旧臣一样成为这场骚乱的受害者。

表8-1 蜀汉亡国时死难臣子一览表

姓名	官职	死难原因	出处
刘璿	太子	成都兵乱中为乱兵所害	《三国志·二主妃子传》
刘谌	北地王	伤国之亡,先杀妻子,次以自杀	《三国志·后主传》
诸葛瞻	卫将军 平尚书事	战死绵竹	《三国志·诸葛亮传》
诸葛尚		战死绵竹	《三国志·诸葛亮传》
张遵	尚书	战死绵竹	《三国志·张飞传》
黄崇	尚书郎	战死绵竹	《三国志·黄权传》
李球	羽林督	战死绵竹	《华阳国志·后主志》
赵广	牙门将	随姜维战死沓中	《三国志·赵云传》
姜维	大将军	成都兵乱中为乱兵所杀	《三国志·姜维传》
蒋斌	汉绥武将军、汉城护军	成都兵乱中为乱兵所杀	《三国志·蒋琬传》
蒋显	太仆	成都兵乱中为乱兵所杀	《三国志·蒋琬传》

---

① [晋]陈寿:《三国志》卷二十八《钟会传》,中华书局,2013年,第793页。

续表

姓名	官职	死难原因	出处
廖化	右将军	蜀降后迁徙洛阳途中病故	《三国志·廖化传》
关羽子孙		成都兵乱中，庞会"尽灭关氏家"	《三国志·关羽传》

此表所列十余人，只是见载于《三国志》者，仅系"死者数百人"中的极小一部分，仍令后人悲叹不已。除赵云之子赵广随姜维战死沓中，廖化病故于降后北迁途中外，其他人要么与诸葛瞻一起战死绵竹，要么随钟会一并遇害成都。关羽在"襄阳之战"中斩杀庞德，庞德之子庞会随钟会入蜀，竟然公报私仇，"尽灭关氏家"①。现已无从知晓被血洗的关氏子孙人数和名讳了。

覆国之变，旧臣死难原本是历次改朝换代的共有现象，但"和平交接"实可避免大量的流血牺牲，这也是后主选择投降的一个重要原因，但其结果还是让成都经历了一场劫难，死难数百，劫掠数日，后在监军卫瓘的弹压下才逐渐安定下来。

四、后嗣佚名

蒋斌和蒋显兄弟死于"成都之变"，但蒋琬并非由此绝嗣。斌、显兄弟既已成人为官，当有子嗣在世，唯魏晋历史文献失载而已。虽然后世已无法确知斌、显兄弟以外的蒋琬子孙名字，如清末史学家万斯同《汉将相大臣年表》亦明确蒋琬只有斌、显二

---

① ［晋］陈寿：《三国志》卷三十六《关羽传》注引《蜀记》，中华书局，2013年，第942页。

子①,但仍有蒋氏子孙在西晋做官的蛛丝马迹。

时有巴蜀名士文立,蜀亡后归晋,颇得司马氏信用,曾上奏晋武帝司马炎,请求"叙用"蜀汉名臣后裔,其奏疏中提供了蒋琬后裔的线索。《晋书·文立传》记载:

> 文立,字广休,巴郡临江人也。蜀时游太学,专毛诗、三礼,师事谯周。门人以立为颜回,陈寿、李虔为游、夏,罗宪为子贡。仕至尚书。蜀平,举秀才,除郎中。泰始初,拜济阴太守,入为太子中庶子。上表请以诸葛亮、蒋琬、费祎等子孙流徙中畿,宜见叙用,一以慰巴蜀之心,其次倾吴人之望,事皆施行。②

文立在蜀亡吴存之际就奏请晋武帝司马炎叙用诸葛亮、蒋琬、费祎等蜀汉名臣的子孙。文立乃谯周之学生,与陈寿、罗宪等齐名,入晋后又颇得晋武帝的赏识和信用,由济阴太守进为太子中庶子。其上表所言,真实可信,何况这份奏请还得晋武帝允准。由此可以肯定,当时蒋琬确有子孙在世,而且已经同蜀汉官员一起东徙洛阳了。遗憾的是,文立没有点出蜀汉名臣子孙的名字。

在文立举荐蜀汉名臣子孙之后,蜀汉巴东副都督罗宪在孙吴的军事逼迫下主动归附晋朝。他也曾向晋武帝举荐过蜀汉名士可以叙用者。

> (泰始)四年三月,从帝宴于华林园,诏问蜀大臣

---

① [清]万斯同:《汉将相大臣年表》,《二十五史补编》,中华书局,1998年,第2704页。
② [唐]房玄龄等:《晋书》卷九十一《文立传》,中华书局,1974年,第2347页。

子弟，后问先辈宜时叙用者，宪荐蜀郡常忌、杜轸、寿良，巴西陈寿，南郡高轨，南阳吕雅、许国，江夏费恭，琅琊诸葛京，汝南陈裕，即皆叙用，咸显于世。①

罗宪所举荐的十人，除高轨、吕雅、许国、陈裕四人事迹不详外，其余六人在蜀亡前皆是具有一官半职的名士：常忌为雒县令，杜轸为蜀郡功曹，寿良为散骑黄门常侍，陈寿为卫将军主簿，诸葛京是诸葛亮之孙，费恭是费祎之孙。他却没有举荐蒋琬子孙。这说明蒋琬子孙在当时知名度不高，或者还处于幼年。

表8-2　魏晋任用之蜀汉名臣子孙一览表

名臣姓名	子辈		孙辈		备注
诸葛亮	瞻	绵竹战没	尚 京 显	绵竹战没 郿县令，江州刺史 迁洛阳	罗宪归晋后所举荐蜀汉名士十人中有诸葛京
	养子攀	早卒			
张飞	苞	早卒	遵	绵竹战没	次女随后主迁洛阳
	绍				
	二女	后主皇后			
蒋琬	斌 显	从钟会入成都，死于兵乱	佚名		
向朗	条	晋江阳太守、南中军司马			
费诗	立	晋散骑常侍			《三国志》注引孙盛《蜀世谱》
董允			宏	晋巴西太守	《三国志·陈祗传》
霍峻	弋	魏建宁太守、南中都督	彪	晋越嶲太守	

---

① ［晋］陈寿：《三国志》卷四十一《霍弋传》注引《襄阳记》，中华书局，2013年，第1009页。

续表

名臣姓名	子辈		孙辈		备注
吕凯	祥	晋南夷都尉	失载	晋永昌太守	
张翼	微	晋广汉太守			
邓芝	良	晋广汉太守			
张嶷			奕	晋梁州刺史	
马忠	恢		义	晋建宁太守	
罗宪	袭	晋凌江将军	徽	晋顺阳内史	

此表表明，确实有不少蜀汉名臣的子孙被曹魏或西晋叙用，其中好几位官至近侍或太守，显名于世。唯蒋琬子孙不在其列。

东晋以后，战争频发，社会动荡。包括蒋琬在内的蜀汉旧臣后裔的情况鲜有著作记述，重新提及蒋琬后裔则是南宋时期的事了。宋人胡寅最先提出永州、桂州一带的蒋姓人家可能出自蒋琬之后。

> 蒋氏之在永、桂间者，大抵出于蜀相公琰。永、桂之蒋，儒衣仕版相望也。①

胡寅，字明仲，学者称致堂先生，宣和三年（1121）进士，官至永州知府、中书舍人、礼部侍郎，理学湖湘学派的重要代表，具有较大的社会影响力。胡寅在这里使用"大抵"一词，表明其对永、桂之蒋氏是否为蒋琬之后并不那么肯定，然其此说却开启了这一区域蒋姓人家追奉蒋琬为始祖或远祖的先河。清代湘、桂各地蒋氏崇祀蒋琬为始祖者，即以胡寅此言为据。咸丰四年（1854），四川茶盐道蒋琦淳在《谒祠墓诗并序》中自称"家

---

① [宋]胡寅：《斐然集》卷二十六《承仕郎蒋君（熙）墓志铭》，影印文渊阁《四库全书》本，台北商务印书馆，1986年。

世全州，为侯裔"，并申明蒋琬故里在广西全州之说。

> 侯二子斌、显死国难，季子贽奉夫人毛还湘中，居洮阳之石龙潭，今全州梅潭也。夫人卒，葬洮阳，今墓前犹存翁仲一，土人因名将军町。胡致堂谓：蒋氏之在永、桂间者，仕版儒衣相望，盖自宋以来族愈繁衍。①

南方蒋氏编纂世谱、宗谱、族谱，多有奉蒋琬为始祖者，还确定文化标识为"忠雅堂""乐安堂"。在《蒋氏通谱》中，蒋琬有三个儿子：斌、显、贽（一作赟）。斌、显遇难后，蒋贽陪母亲、携嗣子蒋珩回到老家泉陵。后世湖南蒋氏便是蒋贽和蒋珩的后裔。《蒋氏通谱》还为蒋珩立传，云："蒋珩，零陵人，仕吴始兴太守、广州都督。气岸英爽，举直错枉，化行如神。后仕晋，开基江表，中原士庶相率归化，珩有力焉。卒，归葬城东五里，地名长坞。"如其所载，蒋珩在由吴而晋的政局变换中，不仅名位显赫，而且有功可录，只是如此功成名就的显宦在《晋书》中却无只言片语的记载。

现存魏晋历史文献，亦无蒋琬夫人之载，但是在清代和民国的《蒋氏族谱》中出现了两三位蒋琬夫人。《梅潭蒋氏世谱》明确记载，蒋琬之原配为周文庠公女，继配毛氏，皆封成国夫人。晋武帝咸宁元年（275），毛氏夫人携子孙徙居全州梅潭。这里交待得十分清楚：蒋琬原配为周氏，毛氏为继室。毛氏在蜀亡后携子孙徙居全州梅潭。此谱还记载，宋理宗端平元年（1234）清明节，蒋琬后裔蒋满刻立《安阳侯一品夫人毛氏墓志》，云：

---

① 民国《绵阳县志》卷一，《四川历代方志集成》本，国家图书馆出版社，2015年。

> 夫人毛氏，蜀人也，为我始祖汉尚书安阳侯蒋公讳琬公配。生子名斌，名显，名赟。享年九十有二。……八月，卜葬湘源县地。安阳侯先夫人四十四年卒。

历史上确有过湘源县，其辖区包括今广西全州在内，然此县设置于隋朝大业五年（609），是隶属零陵郡的五县之一，五代时改名清湘，宋时仍称作清湘，隶属全州。宋人撰写墓志，当使用本朝之地名清湘，而不应仍作隋唐之湘源，加上此前无毛夫人之载，其可信度折损不少。

在这些族谱中，蒋琬之先辈世系清晰，其后代支派繁茂。蒋琬为这些蒋姓人家的始祖未必真实，但这也是蒋琬历史影响之深远的重要实证。

第九章　历代推崇　千秋景仰

延熙九年（246）冬，蒋琬在涪城去世。后主赐谥曰"恭"，后世因此多称其为"恭侯"。

当时后主并没有敕建蒋琬祠庙。蜀汉沿袭汉朝礼制，大臣去世后皆不得立祠建庙。即便是功勋盖世的诸葛亮去世后，朝廷亦无立祠建庙的敕令。后来"百姓遂因时节私祭之于道陌上"[1]，朝廷才顺应民心，令立庙奉祀于沔阳（今陕西勉县），由民间私祭变成了官方庙祀。

蒋琬去世后的一千多年时间里，并无官方修建的蒋琬祠庙。唯其安葬之初，冢嗣蒋斌可能在其坟墓附近建有屋宇，以贮存祭祀礼器，并供守墓人居住。直到明清时，在蒋琬的家乡湖南、仕宦地四川广都和绵州才陆续出现了供奉蒋琬的祠庙。

有署名为"长城长"者在《蒋琬的祠堂缘何多过诸葛亮》中称，在四川蒋琬祠多过诸葛亮祠，所不同者诸葛祠属于官方修建，而蒋琬祠为民间修建。理由是蒋琬执掌朝政十二年，推行强蜀富蜀国策，人民过上安居乐业的太平日子，故感恩建祠。[2]

事实上，这个命题根本不成立，没有数据证明四川的蒋琬祠（恭侯祠）多于诸葛亮祠（武侯祠）。相反，李殿元先生根据地方

---

[1] ［晋］陈寿：《三国志》卷三十五《诸葛亮传》引《襄阳记》，中华书局，2013年，第928页。

[2] 长城长：《蒋琬的祠堂缘何多过诸葛亮》，《档案时空》，2010年第3期。

史志记载统计，仅四川就有诸葛祠 40 座，云南有 34 座，而贵州 16 个县中就有 18 座。① 据笔者调查统计，供奉蒋琬的"蒋公祠"或"蒋恭侯祠"，在川、湘、桂、浙四省实际只有 9 座，加上其他祭祀或纪念场所十余处。

一、祠庙神位

根据地方历史文献和蒋氏谱牒的记载，明清时期在四川、湖南、广西和安徽四省有供奉蒋琬的祭祀场所二十余处。

表 9-1　蜀、湘、桂、皖蒋琬纪念设施一览表

序号	名称	地点	存毁情况	备注
1	绵州十贤堂	清代绵州州城内	已毁	与庞统、李白、欧阳修等十贤同祀
2	什邡名宦祠	清代文庙戟门左	已毁	与雍齿、杨仁等同祀
3	湘乡乡贤祠	清代文庙戟门右	已毁	与十九位乡贤同祀
4	零陵先贤祠	清代永州府学内	已毁	与刘巴、黄盖等同祀
5	绵阳蒋恭侯祠	绵阳西山公园内蒋琬墓左侧	现存 为近期重建	现有生平事迹图文展示
6	绵阳蒋恭侯墓	绵阳西山公园内蒋琬祠右梁上	现存 道光二十九年修复	绵州知州李象昺主持修复。龙安知府蒋德钧立碑补葺
7	湘乡蒋公祠	湘乡县城北街	现存	
8	宁乡蒋公祠	宁乡县城北、灰汤镇、香山		
9	祁阳蒋琬祠	祁阳县八只塘、砖塘烟合岭		
10	祁门蒋琬祠	祁门县白塔		
11	零陵蒋琬祠	零陵城外千秋岭		

---

① 李殿元：《诸葛亮之谜》第 95《诸葛亮祠庙在全国有哪些》（四川省诸葛亮研究会微信群）。

续表

序号	名称	地点	存毁情况	备注
12	零陵蒋琬墓	零陵城南三十里荆山	现存	当系衣冠墓
13	全州蒋琬祠	全州城内		本地蒋氏修建
14	全州蒋琬夫人毛氏墓	全州梅潭	现存	本地蒋氏修建
15	华阳蒋琬宅	成都府华阳县东七里	已毁	
16	犀浦蒋公桥	成都府犀浦县境内	已毁	地近蒋琬故宅而得名
17	双流蒋琬宅	成都府双流县宜城山下	已毁	
18	双流蒋琬祠	成都市双流区棠湖公园内	现存 20 世纪 90 年代修建	
19	双流蒋琬石坊	成都市双流区顺城街	已毁 清嘉庆时官民合建	匾额"蒋公旧治"
20	双流城隍庙	成都市双流区城隍庙	已毁 20 世纪 50 年代改作库房	供奉蒋琬夫妇

这些祭祀场所大致可归为三类：一是官方主导修建的蒋琬祠庙，如绵阳西山蒋琬祠；二是官方主导修建的合祀群贤的祠庙中设有蒋琬的神位，如零陵先贤祠；三是蒋氏家族供奉远祖的蒋琬祠堂，如全州城内蒋氏宗祠。第三种情况纯属民间行为，多见载于蒋氏世谱（宗谱、族谱），数量不少，但难以准确统计。这里着重对前两种祠庙进行论述。

（一）奉祀专祠

1. 绵阳蒋琬祠

绵阳蒋琬祠是在清代道光年间与蒋琬墓同时修复的，且与坟墓相邻。按照传统礼俗，这是一座坟墓祠庙性质的专祠。

道光二十九年（1849），李象昺摄绵州时，在州西仙云观侧发现了汉蒋恭侯残碑，于是邀约在籍员外郎熊文华主持修复了蒋琬墓，并同时修建了蒋琬祠。随即得朝廷准奏，把绵州祭祀蒋琬列入国家祀典。

中国传统社会的帝王将相陵墓一般都就近建有祭祀专祠，或称墓祠，或作坟寺，以便祭扫和守护。例如，宋代陈省华与其子尧叟、尧佐、尧咨"四令公"墓在河南新郑，附近即有朝廷敕建的坟寺"崇孝寺"。① 又如，明初名臣宋濂在成都东郊的祠墓，其前为祠庙，其后即为坟墓。② 绵阳蒋琬祠在清代修复时已无法遵循汉魏丧葬制度，只得采用明清流行的丧葬习俗，其祠庙便是供奉蒋琬的专祠，民国时又增入欧阳修之父欧阳观，合祀于此，只是受西山地形的影响而无法做到"前祠后墓"。

咸丰十一年（1861）春，蓝朝鼎率领十万起义军围攻绵州。新任四川总督骆秉璋亲率湘军从顺庆增援绵州，大败义军。蒋琬祠在这场战火中遭到毁坏。战后，新任知州文棨主持修复了此祠。

清末民初，蒋琬祠再次在动乱中遭到毁坏。1919 年，驻守绵阳的川军第五师参谋长蒋纶与绵阳知县李凤梧倡议集资修复了蒋琬祠。

20 世纪 60 年代，蒋琬祠在"破四旧"中再一次被毁。1990 年重建的蒋琬祠落成，随后又经几次整修。这次重建的蒋琬祠占地面积 600 平方米，由蒋琬铜像、祠庙主楼和左右人物长廊组成，院内矗立着高达 3.5 米的蒋琬铜像（图 3 绵阳西山公园内的蒋琬铜像）。主楼匾额为"蒋恭侯祠"，外橼下有三副当今绵阳文人撰写的柱联，由中间向左右，次第为高显齐题联："审势更

---

① 蔡东洲：《宋代阆州陈氏研究》，天地出版社，1999 年，第 166 页。
② [清] 王士禛：《陇蜀闻余》，金生杨《蜀道纪闻类编》，广陵书社，2017 年，第 6 册，第 109 页。

知兵，三岭扬威，休谓蜀中无大将；养民并育物，一筹理剧，长教天下仰名臣。"文伯伦题联："屯涪固蜀之宜，论其卓识良谟，一官无愧大将军；为政安民为本，学彼怀忠雅量，九域仍钦孺子牛。"李德书题联："赞王业，襄诸葛，保供给，足食足兵，出类拔萃，非百里之才，真乃社稷之器；屯汉中，驻涪县，营后方，持军持政，托志忠雅，继丞相职责，不愧汉蜀重臣。"

主楼内是蒋琬的专题展示，其主题为"安民为本"。左侧墙壁上有四幅线刻画：入蜀为令、诸葛荐贤、蒋琬拜相、宽仁大度。右侧墙壁上有四幅线刻画：出征汉中、屯涪固蜀、截曹大胜、和抚胡羌。通过这八幅线刻画再现了蒋琬的生平事迹、道德品质、历史地位。如此展示，虽然简洁，但还不足以全面展现蒋琬的功业、品德、地位和影响。

主楼正墙正中是主题为"安民为本"的线刻画：双手展执地图的蒋琬正在与武将装束的费祎、双手执书简的董允商讨军国大事。其右一柱联为"室护风云与丞相祠堂并峙"，左一柱联为"排山旗鼓看将军壁垒常新"，系民国时期驻绵师长吕超撰写。"安民为本"线刻画之左为蒋琬生平大事年表的刻板，其右为蒋琬移涪城疏。接着右二柱联为"辅后主于存亡危急之秋，挽艰难国步，继两表忠诚，嗟西蜀汉业已坠，抔土幸留公琰墓"，左二柱联为"祀先灵乃聪明正直所系，听澎湃江声，送三分割据，问东吴蒋山非旧，馨香谁荐子文祠"，系今人刘克生撰写。这副柱联分向左右，次第为三国鼎立形势图、蒋琬等画像图和蜀道咽喉图等刻板。

主楼外的庭院有左右长廊，壁挂与蒋琬相关的蜀汉文臣和武将画像及文字简介的图版。左廊由内及外依次为：费祎、董允、尹然、宗预、李福、李譔。右廊由内及外依次为：姜维、邓芝、王平、诸葛瞻、马忠、廖化。主楼和左右长廊构成一个三面围合式院落。

近年来，蒋琬祠墓吸引着国内众多三国文化爱好者前来瞻仰、祭拜，特别是每年清明节和农历五月十六日蒋琬诞辰日，全国各地众多的蒋氏族人前来祭祀远祖。2018年，绵阳成立了蒋琬文化研究会，并组织召开了第一次蒋琬文化研讨会，印发了《全国首届蒋琬文化学术研讨会论文集》，推动蒋琬学术研究向纵深发展。

2. 双流蒋琬祠

成都双流纪念蒋琬始于明清时期。

唐宋时期，双流衙署内设置有"三相堂"，以纪念从双流走出的三位宰相，蒋琬应该是其敬奉的"三相"之一。唐朝前期韦嗣立任双流县令时，于衙署内建"逍遥堂"，或为休闲之所。待其出任宰相时，后任双流知县便更名为"三相堂"，并作为"县令题名碑厅"。"三相"应当是纪念曾在此任县令，后晋升为宰相的三个人物，其中之一就是韦嗣立。另外两人，唐人没有记载。北宋后期李圣举任双流知县，修复了"三相堂"。曾任双流知县的名士杨天惠撰《双流县令题名记》，明确三相之一为韦嗣立，但并没有交待另外两位由广都或双流县令升任宰相者的姓名，只是肯定"皆旧县尹也"①。这个结论是可信的。现在看来，"三相"之中当有蒋琬。

唐宋时期，史学家、文学家在相关评论中习惯性称蒋琬为"相"，鲜有称大将军或大司马者。南宋史学家李焘撰写的《双流逍遥堂记》中则称，"后则则天、中、睿，所称三相，嗣立其一人也。"② 即韦嗣立一人做过三代皇帝的宰相，故称"三相"。此

---

① [宋] 杨天惠：《双流县令题名记》，杨慎编，刘琳、王小波点校《全蜀艺文志》卷三十四，线装书局，2003年，第943页。

② [宋] 李焘：《双流逍遥堂记》，杨慎编，刘琳、王小波点校《全蜀艺文志》卷三十四，线装书局，2003年，第947页。按：在乾隆《双流县志》卷五中，此记之作者署为樊汝霖。

第九章　历代推崇　千秋景仰

殊不可解！或者说，这是对双流"三相堂"的一种误解。

清代双流城隍庙即供奉蒋琬夫妇，并在县城的主街上建有一座"蒋公旧治"牌坊，可惜这两座纪念性建筑都没有保存下来。不过，双流一直流传着蒋琬在广都的故事和传说，这就为另建蒋琬祠提供了历史依据和社会基础。20世纪90年代后期，双流修建棠湖公园，特在公园内修建了一座小巧玲珑的蒋琬祠。

双流置县，初名广都，而自两汉至隋朝七百余年间，鲜有县令姓名存留于史。至汉末，"广都长"蒋琬留名于《三国志》。在双流人看来，广都是蜀汉大司马蒋琬的发祥地，在此地为其建立专祠有史可据，而且其在广都任内"以安民为本"的治理理念颇合时宜。

棠湖蒋琬祠坐落在一座人工堆砌的小山头上，沿阶梯而上，便是正门。门额是当代书法家舒炯题写的"蒋琬祠"（图4　成都双流蒋琬祠）。穿过门厅，便是一个小院，院中塑有蒋琬坐像，潇洒飘逸。座基呈方形，四面镌刻着蒋琬的治国名言和诸葛亮对蒋琬的评价。院坝左右是两座与门厅相通的仿古建筑，拟在其内通过图文展示蒋琬的生平事迹、治国功业、社会影响、历史遗迹、古今评论和研究成果等。

蒋琬祠后是双流城区的地标性建筑"熏风塔"，共有七层，高46米，底层四面立柱上悬挂着当代书法名家题写的对联。不过，当时个别书法家在对联中对此塔的文化属性存在误识，即把文风儒塔与宗教佛塔混同了，如"浮屠七级级级依栏望春风；熏风几度度度拂卷尽华章"。其实，塔未必都是佛教建筑。"熏风"二字表明此塔属于中国传统文化的载体，多为科举时代提振文风而建。

清代双流既有熏风塔，也有熏风楼。据民国《双流县志》，熏风塔在治南二里许蒋家桥之东，共十二层，巍然耸立，亦是清代双流地标性建筑。站在桥上一呼，塔则应声如响，此为双流八景之"塔桥应响"。塔上自生了一棵橘树，秋风一吹，橘自落地，拾而食之，味道甘甜。熏风楼即在塔下，民国时楼毁已久，只有碑刻尚存。此碑所刻应该就是本地大儒刘沅撰写的《熏风楼记》。此楼为道光时复建，刘沅在《熏风楼记》中记述修复"熏风楼"是为了敬奉奎星、纪念商瞿、激励学子，即所谓"一举三善"，确实与佛教没有任何关系。

3. 宁乡蒋琬祠

湖南宁乡在三国时期为东吴新阳县地，隶属长沙郡。北宋太平兴国二年（977），始析益阳、长沙、湘乡三县置宁乡县。既然宁乡析分有湘乡县地，那就可以与蒋琬相关联。

宁乡县在明清时期有三座蒋琬祠：一在县城北郊之蒋琬故宅，一在县治西南之灰汤镇，一在县城西郊之香山。其中，灰汤镇蒋琬祠庙最为有名。

宁乡县城北郊的蒋琬祠，因蒋琬故宅改建而成，明清时期俗名"伏虎庙"。《明一统志》载：

蒋琬庙，在宁乡县治北，即其故宅，俗名伏虎庙，前有伏虎井。①

到清代这座蒋琬祠仍然保存着。不过，在《钦定大清一统志》中不再称作"蒋琬祠"或"蒋琬庙"，而作"蒋琬故宅"，还补充说"今为伏虎庙，前有伏虎井"②，其地理位置仍然在宁乡县城北。可见，清代宁乡县的"蒋琬故宅"称作"伏虎庙"，就是明代的"蒋琬祠"。

灰汤镇的蒋琬祠，位于宁乡县西南的温泉乡，亦因蒋琬"故

---

① ［明］李贤等：《明一统志》卷六十三，明弘治十八年刻本。
② 《钦定大清一统志》卷二百七十六，影印文渊阁《四库全书》本。

第九章　历代推崇　千秋景仰

居在灰汤"而改建成祠,明清时期俗名"灰汤庙"。创建于元朝,最初专祀蒋琬。① 民国《宁乡县志》中对此祠有着翔实的记载:

> 汉相蒋琬庙,元敕建。康熙《志》,在县西南九十里温泉乡。元顺帝尝问蒋彦明先世,彦明以始祖琬对。……仍命有司立祠宇于湘乡之灰汤,岁时致祭。至大明废祀,其庙尚存。此康熙《志》录明代县志之文故曰大明,乾隆《志》典祀门作蒋、刘二公庙,云刘公大丞相蒋公庙在汤泉,俗称灰汤庙。乡人祀之。嘉庆《志》亦作蒋、刘二公庙,云兼祀汉威武大将军云亭侯刘敏。今祀废,庙像俱存。案《三国志·蒋琬传》,琬与外弟泉陵刘敏俱知名,蒋祠兼祀敏,改称蒋、刘二公庙,盖后人所加,非元制如此。琬《传》,刘敏为左护军扬威将军,云威武者笔误,泉陵今零陵县。同治志云,灰汤庙祀久废,惟庙像存。嘉庆二十年,蒋敬福、周拔南、黄宜发等重修。②

这段材料梳理了自元朝至民国灰汤蒋琬祠庙的变迁,其中有三条信息最为重要:

一是蒋彦明为后世自称蒋琬后裔的第一人。民国《宁乡县志》载,蒋彦明,字光甫,汉大司马琬之裔,宋县令文炳十七世孙。元顺帝至正壬午(1342)拜住、陈祖仁榜进士,官至中书省兵部尚书。其子孙世居成德塘。③

二是灰汤蒋琬祠是元顺帝敕建。如果此记载属实,那么这应该是第一座官方修建的蒋琬专祠。不过,这在现存元代文献中没

---

① [明]李贤等:《明一统志》卷六十五,明弘治十八年刻本。
② 民国《宁乡县志》,民国三十年活字本。
③ 民国《宁乡县志》,民国三十年活字本。

有得到证实。虽然这座蒋琬祠祀屡废屡兴,但民国时期"庙像俱存"。其最后一次重修是在嘉庆二十年(1815)。

三是灰汤蒋琬祠在清代不仅供奉着大司马蒋琬,而且同祀扬威将军刘敏,故又称"蒋刘二公庙"。到民国二年(1913),经过百年的风吹雨打,蒋刘二公庙已倾塌,当地缙绅倡捐重建。十年后,此祠又被洪水毁坏,当地缙绅再次组织捐修。可见,蒋琬在宁乡的影响已深入人心,其祠得以屡毁屡修。

至于为何称蒋琬祠庙为"灰汤庙",民国《宁乡县志》亦给出了答案:"乌江既得石塘水又东一里,俗称灰汤河,以泉有磺石气,故名。傍曰'相公潭',传蜀相蒋琬于此饮马。琬祠在灰汤河北岸。"[①] 原来是因附近有一条散发着硫磺气味的小河而得名。清代即名温泉乡,今天改称灰汤镇,是宁乡县所辖乡镇之一。

宁乡县城西郊的蒋琬祠,在县城西郊香山脚下。据蒋泽江等光绪二年纂修的《蒋氏祠志》[②],宁乡县城西郊香山有一座由当地蒋氏家族修建的蒋琬祠,其《祠堂记》记述云:蒋氏祠堂在宁乡西城外香山古刹下,奉祀着始祖蒋琬。

4. 湘乡蒋琬祠

据康熙《湘乡县志》,蒋琬故居在今湖南湘乡市城关镇北正街,清代在地方官员的主导下改造为蒋公祠。乾隆《湖南通志》证实,湘乡县城内确有蒋公祠,"祀汉相蒋琬"。[③] 祠庙外还有一口水井,名伏虎井,相传是蒋琬少年时亲手开凿的。道光年间,本县典史袁宪健还在井侧刻立了"伏虎古井"的石碑。

民国年间编修的《湘乡史地常识》对县城北正街这座蒋公祠

---

① 民国《宁乡县志》,民国三十年活字本。
② [清]蒋泽江等:《蒋氏祠志》,"忠雅堂"刻印本,上海图书馆收藏。
③ 清乾隆《湖南通志》卷四十八,清乾隆二十二年刻本。

有更详细的记述，明确蒋琬祠即"蒋公的故居"。祠内旧有对联："蜀中曾继如龙相；湘上今传伏虎名。"祠外有伏虎井，相传为蒋琬开凿，元至正年间重新淘浚起用。清道光中典史袁宪健刻八分书于石，题曰"伏虎古井"。又祠后有漂纱池，相传有泉水涌出，若轻纱荡漾。民国时期此池还存在，但"汉大司马故里"碑已无从寻觅。县人朱增元题碑诗云："才名三峡内，赞语四人中。生倚龙城秀，居传虎井通。殖根归雅性，讨贼效孤忠。相业承诸葛，难忘国士风。"民国时期，县城中山公园内还有"大司马安阳侯"残碑一块和方碑一座。①

令人费解的是，清代和民国地方文献关于湘乡蒋琬祠的记载，竟然与宁乡城北的蒋琬祠的相关记载大体相同，其位置都在县城北街，并且都是由故居改建，其庙前都有伏虎井。由此，不得不怀疑两县在编修县志时使用了同一来源的原材料。或许编修者也发现了这个问题，故两县关于县北蒋琬祠的表述文字稍有不同。

明清时期两县皆隶于长沙府，且宁乡县是由湘乡县析置的，使用同一来源的原材料是可以理解的。不过，必有一县为误用材料，因为两县的治所不可能设在同一县城内。

5. 零陵蒋琬祠

零陵蒋琬祠亦即泉陵蒋琬祠、永州蒋琬祠，位于永州零陵境内的千秋岭。这座山岭是本郡本县历史文化集聚之地。据光绪《湖广通志》，千秋岭上有座龙兴寺，"本汉蒋琬故宅"，唐代改作佛教寺院。柳宗元被责贬永州之初，曾寓居此寺，还撰有《永州龙兴寺东邱记》。不过，柳氏此记尚存，文中并没有提及这里与蒋琬或蒋琬故宅相关。

光绪《零陵县志》中有多条关于蒋琬祠的记载，梳理这些记

---

① 民国《湘乡史地常识》，民国二十四年湘乡排印局排印本。

载可以得知这座蒋琬祠庙的变迁。

千秋岭上原本有蒋琬故宅,后人施舍给寺院。唐时名为龙兴寺,柳宗元贬永州时曾寓居此寺。

北宋元丰四年(1081),寺院更名为太平寺。不久,又另建书院于东邱上,称作"东邱书院"。书院内供奉着蒋琬神位。

明嘉靖年间,渭南王据千秋岭为别邸。隆庆年间,渭南王被废,永州知府黄翰、史朝富相继重建书院,内设习仪所、乡约所。明末毁于兵火。

清道光五年(1825),官府在千秋岭设馆纂修《永州府志》,名曰"千秋山馆"。咸丰初年,零陵知县胡廷槐号召全县蒋姓人氏共建蒋公祠,重祀蒋琬。① 同治十三年(1874),知县嵇有庆奏请朝廷将祭祀蒋琬纳入祀典,从此蒋琬在零陵享有官方春秋致祭②,"以是尤景仰侯之德业于弗衰"③。民国《蒋氏通谱》所载永州恭侯祠图,绘制的应该就是这座蒋琬祠。

此祠在抗日战争期间被炸毁。现永州东山景区北门修建了一条五十余米长的历史文化墙,其第一组图就是诸葛亮与蒋琬,反映了当代永州人对两位蜀汉重臣的景仰。

6. 全州蒋琬祠

清代广西全州城内有蒋琬祠庙,具体位置在西门,即今城关完小内。嘉庆二十四年(1819)全州蒋姓人氏在旧址上新修"安阳侯祠堂",道光三年(1823)才竣工,历时五年,可以推测这座祠堂的规模应该不小。族谱中有"安阳侯祠堂图"。当时每年春秋两次在这座祠堂祭祀蒋琬及夫人毛氏。

考证此祠的历史依据在于汉魏零陵郡辖地的分合和治所的迁

---

① 清光绪《零陵县志》卷一,光绪修民国补刊本。
② 清光绪《零陵县志》卷三,光绪修民国补刊本。
③ [清]徐方:《零陵蒋氏族谱序》,载"乐安堂"梓民国《蒋氏通谱》,上海图书馆藏本。

徒。汉武帝时始设零陵郡，其郡治零陵县在后世广西全州咸水乡，至东汉时才迁郡治于泉陵县。"赤壁之战"后，刘备攻取了零陵等荆南四郡。"夷陵之战"后，孙权夺取荆南之地，并对零陵郡进行了析分。甘露元年（256），分零陵郡西南部置始安郡。宝鼎元年（266），又分零陵郡南部置营阳郡，郡治营浦（今湖南道县）；再分北部置昭陵郡；同时将湘乡等三县划入衡阳郡。多次析分后的零陵郡所辖泉陵、祁阳（今祁阳县地）、永昌（今祁东县地）、零陵（今广西全州县地）等六县，除观阳、资源外，其余各县都可能与蒋琬籍贯、故里等问题相关。

既然两汉零陵郡治在全州境内，那么全州就有可能是蒋氏置产或移居之地。全州蒋琬祠或许就是在这样的思路下出现的。明清全州蒋氏构建了蒋琬夫人及其幼子迁居全州梅潭的历史。全州蒋氏人口众多，而蒋琬祠就是全州蒋氏人家的祖祠，因而又称"全州蒋氏宗祠"。自明朝大学士蒋冕以后，全州蒋氏人才辈出，足以影响全州官方对此祠的认可，甚至参与其祭祀蒋琬的活动。

现在全州文化公园内塑立着本地历史名人雕像，蒋琬位在其中，入园即见。此亦全州人纪念蒋琬的现代表达。

7. 祁阳蒋琬祠

祁阳蒋琬祠，亦即祁东蒋琬祠，位于祁阳县八只塘，亦因蒋琬故里而改建。本地蒋氏谱牒把蒋琬祠的创建时间确定在乾隆四十八年（1783），历时三年才竣工。到光绪初，因损毁严重，又重新修建。

而同治《祁阳县志》又把蒋琬故里落实到祁阳砖塘烟合岭，与谱牒所载之八只塘不同。根据此志的记载，"祁阳北隅砖塘烟合岭，系永昌县故址，遗迹犹存，有古碣镌'蒋琬故里'四字。"民国初年，这里还出土了"汉丞相蒋琬故里"碑一方。不过，这块碑并非三国故物。称蒋琬为"汉丞相"是唐宋以后的事，因而此碑应该是唐宋以后才刻立的。清代砖塘烟合岭蒋琬祠是由蒋姓人家修建的，崇奉蒋琬为其始祖。如此，则清代祁阳县或许有两座蒋琬祠，都是蒋氏家族为崇祀远祖或始祖而修建的。

20世纪50年代祁阳县的东北部分被划分出来，设置祁东县。原属祁阳县的砖塘烟合岭随之改属祁东县，祁东县由此便有了蒋琬祠。

8. 祁门蒋琬祠

祁门县设置于唐朝永泰二年（766），长期隶属徽州府（治今安徽歙县），与蒋琬籍贯问题无涉。祁门白塔这座蒋琬祠的修建应该是出于对蒋琬功业人品的景仰。嘉靖《徽州府志》载："司马蒋公祠，在祁门县白塔，祀汉先贤蒋琬，给事中蒋贯等建。"[1] 明朝规制，功德卓著、泽被后人的历史名人祀入先贤祠。

明代有好几个叫蒋贯的，最有可能的是洪武时期的全州蒋贯和嘉靖时期的祁门蒋贯。据蒋冕《先世谱系记》[2]，蒋贯为其曾祖，全州人氏。晚清《蒋氏通谱》还记载，蒋贯在明朝初年担任过刑部官员。据嘉靖《徽州府志》，蒋贯，字一之，祁门白塔人。博通经史，补邑学生，以《诗》中乡试，以《易》中庚辰会试，选南京户科给事中。[3] 另据《皇明贡举考》，蒋贯为明世宗嘉靖八年己丑（1529）罗洪先榜进士。[4] 综合这些信息，可以肯定祁门蒋琬祠是祁门之蒋贯修建，但并没有说明蒋贯修建此祠的动因，除"先贤"的价值取向外，应该有"尊祖"的因素，即祁门白塔蒋氏也奉蒋琬为远祖或始祖。

（二）并祀群贤

蒋琬与群贤并祀的祠庙主要有两种：一是在历代地方官府修

---

[1] 明嘉靖《徽州府志》卷十，嘉靖四十五年刊本。
[2] [明]蒋冕著、唐振真等点校：《湘皋集》卷十八《先世谱系记》，广西人民出版社，2001年，第191页。
[3] 明嘉靖《徽州府志》卷十三，嘉靖四十五年刊本。
[4] [明]张朝端：《皇明贡举考》卷六，明万历刻本。

建的名宦祠、先贤祠、乡贤祠中设有蒋琬神位；一是在历代修建的诸葛亮祠庙中设有蒋琬神位。

1. 并祀蒋琬的名宦祠

名宦祠是明清时期地方官府修建的纪念当地治绩卓著的任宦的群祀专祠。各府州县修建的先贤祠，最初把本籍贤达和外来显宦并祀，如绵州之"十贤堂"；后来又把外地来本地做官并受到民众爱戴的历史名人独立出来，另建"名宦祠"，而本籍有功德和遗泽的历史名人则群祀于"乡贤祠"。清代大多数州县的"名宦祠"和"乡贤祠"都设置在庙学的左右厢房内，只有少数是另址修建。

（1）绵州"十贤堂"

绵州"十贤堂"自宋代以来即为绵州官方主持修建的名贤祠。清代绵州"十贤堂"有两处：一在城南延贤山（今绵阳南山）之麓，一在绵州城内州学东厢房，即今绵阳市第一中学所在地。二者皆源于宋代"十贤堂"。《方舆胜览》载：

> 州治十贤堂，绘涪翁、庞统、蒋琬、杜公微、尹公默、李白、陈该、苏易简、王仲华、欧阳修，共十人。[1]

这十位前代贤哲或生长于绵州，或仕宦于绵州，或游历于绵州，都是历史上颇有影响的闻人，蜀汉重臣蒋琬和庞统皆名列其中。值得注意的是，这里的"涪翁"并非宋人黄庭坚，而是东汉一位喜垂钓涪江的擅长医术的无名老者。

同治《直隶绵州志》对宋代绵州"十贤堂"有着更为翔实的

---

[1] ［宋］祝穆撰，施和金点校：《方舆胜览》卷五十四《成都府路》，中华书局，2003年，第973页。

记载。此堂是宋代知州史祁主持修建的,并作记立碑以纪其事,可惜碑文没有保存下来。雍正《四川通志》载:史祁,眉山人,宋孝宗乾道七年(1171)知龙州(治今四川平武南坝镇),后调知绵州。其在龙州重修学校,在绵州"沿江筑堤以御水患,号史公堤"①,政声颇佳。任满时"以本州见在历尾钱指为羡余,献总领所,希求荐举"而受到处罚②,从此便从历史记载中消失了。

据明万历二十一年(1593)郡人李梓撰写的《南山十贤堂记》,明代绵州"十贤堂"在万历以前已经有过三次修建,所谓"古今三立,而人弗闻"。李氏所记的"十贤"是涪翁、李仁、尹默、文轸、程德降、范辰孙、方任、范仑、张世则、万辉。③前四位为绵州"乡贤",后六位为仕绵"名宦"。而在"名宦"中,前二位是宋人,后四位为明人。与宋代绵州"十贤"人选相比,只有涪翁和尹默二乡贤相同,其余八位皆异,竟然没有蜀汉重臣蒋琬和庞统的名位。可见,明代的绵州"十贤堂"重在表彰本朝人物,并不是对宋代"十贤堂"的直接继承,只是承袭了"十贤堂"这个名称而已。

清咸丰九年(1859),绵州缙绅吴绍典主持修复"十贤堂"。时任左绵书院山长吴宗兰撰写《十贤堂记》以纪其事。④吴宗兰,字菊庄,卭州举人,官至贵州大定知府,博学能文,尤善书法。同治初,掌教左绵书院两年。寓绵时,于绵阳的名胜古迹"辄喜题识",所撰两篇《十贤堂记》都保存至今。其延贤山《十

---

① 清雍正《四川通志》卷六、卷七上,影印文渊阁《四库全书》本,台北商务印书馆,1986年。
② [宋]佚名著,汪圣铎点校:《宋史全文》卷二十七下《宋孝宗八》,中华书局,2016年,第2322页。
③ 民国《绵阳县志》卷九,《四川历代方志集成》本,国家图书馆出版社,2015年。
④ 清同治《直隶绵州志》卷十四,《四川历代方志集成》本,国家图书馆出版社,2015年。

第九章　历代推崇　千秋景仰

贤堂记》云：

> 绵州治南三里有延贤山，即古榜山，上有南山寺，近接十贤堂，呼为南山十贤堂，所以别州学东之十贤堂也。旧《志》云，堂古今凡三立，而人弗闻。明季郡人李梓始以世代次序作记勒石，迄今又数百年矣。郡人吴绍典恐历久无稽，祀事或废，因重新其堂，并书名爵、里居为位以祀之，诚盛举也。
>
> 考十贤，自蜀汉迄有明，四为州乡贤，六皆宦于州，虽出处各殊，时代亦异，然文章政绩显于绵，孰谓祀可忽乎哉！今馨香一室，辉映后先，俾岁时瞻仰，不特前徽未泯，即后人亦得溯从云。[①]

或因延贤山略嫌偏远，绵阳官绅不久又在绵左书院东室设置"十贤堂"。吴氏又为之撰写《十贤堂记》，其文曰：

> 绵州旧《志》，十贤堂有二：其在治南延贤山下者，古迹犹存。在治内学署东者，乃宋人绘像祀之。宋州守史公为作记，想文章经济，述载必详，美哉！洵一时之雅事也。
>
> 递元明，遂至湮没，不惟像记无稽，即堂基亦不可考，古风莫仰，过者慨焉。己未秋仲，吴君绍典既新南山十贤堂，欲觅治内旧址，仍建是堂，奈民舍鱼鳞，苦无隙地，谋之郡中名宿，咸以讲院既在学署东，正室祇祀文昌帝君像，其下可为一龛，附十贤栗主于地，既符

[①] 清同治《直隶绵州志》卷十四，《四川历代方志集成》本，国家图书馆出版社，2015年。

于理颇协,佥曰善哉,殆有香火前缘欤!

兰以荒陋主讲是邦,得与斯盛,因颜曰仿古十贤堂,盖借以存古贤之遗徽,并使后人得所景仰耳。至他年,别择善地移祀新堂,维持风雅,端赖后贤,尤所幸冀者也。①

吴氏这两篇碑记都没有道出"十贤"名讳,唯称颂十贤"文章、政绩显于绵",修复此堂的意图在于存传古贤之遗徽,使后人得所景从。但《记》文中明确"十贤,自蜀汉迄有明,四为州乡贤,六皆宦于州"。可见,虽然在数据上与明朝一样,仍然是"乡贤"四、"名宦"六,但起始于蜀汉,其中有蒋琬神位甚明。另据同治《直隶绵州志》,清代绵州"十贤堂"崇祀的人物与宋代完全一致②,而没有采取明人选定的人物。这进一步证实,清代绵州两处"十贤堂"内皆有蒋琬神位。

民国初年,左绵书院被川军据为驻地,"十贤"龛主被毁灭。民国十五年(1926),城内白衣庵侧院遭到火焚,绅民即在其基址上捐建大殿三楹,特在殿左设置"十贤"龛主,"其名爵、里居仍各书于背,俾文献得以信而有征,而祀典亦可有举莫废",并且更换"十贤"之涪翁为杜甫。

当时人们理解此前"十贤堂"所祀之"涪翁"为黄庭坚,认为黄山谷"实无游绵之文"③。其实,宋、明绵州"十贤堂"所祀之涪翁是汉朝的无名老者。据《后汉书》,"初,有老父不知何出,常渔钓于涪水,因号涪翁。乞食人间,见有疾者,时下针

---

① 清同治《直隶绵州志》卷十四,《四川历代方志集成》本,国家图书馆出版社,2015年。

② 清同治《直隶绵州志》卷十四,《四川历代方志集成》本,国家图书馆出版社,2015年。

③ 民国《绵阳县志》卷一,《四川历代方志集成》本,国家图书馆出版社,2015年

第九章　历代推崇　千秋景仰

石，辄应时而效，乃著《针经》《诊脉法》传于世。"① 可见，其能入选绵州"十贤"，是因为医术精湛，乐以施治。郭玉得传其术，遂为一代名医。宋代文豪黄庭坚贬居涪州（今重庆涪陵），讲学北岩，因号"涪翁"。此涪乃宋代涪州，与汉魏之涪县或涪城相去千里，无相续关系。清代绵州人误矣。

当然，以杜甫替换涪翁，祀之绵州，尚有历史依据。杜甫到过绵州，且有诗歌传世，因而早在宋时诗圣杜甫已被知州史祁祀于绵州"思贤堂"了。

（2）什邡"名宦祠"

据现存历史文献，自宋代始蒋琬就被列入什邡名宦，依据是"先主擢为什邡令"②。至清代，什邡县仍然崇奉蒋琬于"名宦祠"中。不过，嘉庆《什邡县志》把蒋琬、王连出任什邡令的时间顺序排颠倒了。③

> 名宦祠在戟门左，西向。乾隆十二年（1747），知县史进爵、教谕赵櫶、训导余锡恩同建。四十六年（1781），知县任思正重建，崇祀汉雍齿、杨仁、蒋琬，宋宋之源、杨泰之，明王廷杰、石坚、薛大梁、韩宸、朱嘉言、马廷锡、贾梁、刘宁、王诰。④

如今什邡市为纪念蒋琬主政本地特建一座"蒋琬亭"于什邡公园内。什邡公园原名"留春苑"，是清代县署的后花园，供官员们休闲娱乐。1926年，改成对外开放的公园。建蒋琬亭于此，

---

① ［南朝·宋］范晔：《后汉书》卷八十二《郭玉传》，中华书局，2013年，第2735页。
② ［宋］祝穆著，施和金点校：《方舆胜览》卷五十四，中华书局，2003年，第968页。
③ 清嘉庆《什邡县志》卷三十四，清嘉庆十八年刻本。
④ 清嘉庆《什邡县志》卷十七，清嘉庆十八年刻本。

颇为恰当。

2. 并祀蒋琬的乡贤祠

乡贤祠是明清地方官府普遍修建的祭祀本籍贤达的祠庙。既然永州、湘乡、宁乡、祁阳等州县皆以蒋琬为本地人，那么这些州县的乡贤祠内都可能有蒋琬的神位。据地方历史文献，清代零陵和湘乡的先贤祠中确实祀有蒋琬。

（1）零陵乡贤祠

零陵之先贤祠创建于清代，奉祀着蒋琬、刘巴和黄盖。民国时期，"乐安堂"刊印的《蒋氏通谱》载有徐方撰写的《零陵蒋氏族谱序》，其中云："岁丁未，由新化调授零陵，虔修祀典，则乡贤祠，侯位其上。"此"侯"即蒋琬。既然清代零陵县以蒋琬为零陵人，那么其先贤祠自然有蒋琬之神位。

（2）湘乡乡贤祠

据康熙《湘乡县志》，湘乡乡贤祠奉祀着十九位湘乡历史文化名人，即蜀汉安阳侯蒋琬，五代司徒王全、刺史刘昌嗣，宋侍郎王容、"神童状元"贺德英、靖州守官王长孺、诣阙陈策何烈、理学彪虎臣、理学彪居正、理学周奭、静江知府邓得遇、信州知州汤源，元集贤院学士冯子振、宁乡丞易炎正，明参政刘声远、太仆寺丞贺宗、参政贺勋、知府贺从政、同知贺恕。①蒋琬位列第一。

3. 并祀蒋琬的武侯祠

武侯祠，又称诸葛祠，是祭祀蜀汉丞相诸葛亮的专祠。一些规模较大的武侯祠内会从祀诸葛亮身边的文武要员。蒋琬在历史长河中一直被视为诸葛亮的接班人或继承者，因而不少武侯祠中都设有蒋琬的神位。这也是明清时期蒋琬崇祀的另一种形态。

---

① 清康熙《湘乡县志》卷五，清康熙十二年刻本。

表 9-2　武侯祠中蒋琬神位情况一览表

祠庙名称	地理位置	供奉主神	蒋琬神位情况	备注
成都武侯祠	成都武侯祠大街	诸葛亮	文华廊塑庞统、简雍、吕凯、傅肜、费祎、董和、邓芝、陈震、蒋琬、董允、秦宓、杨洪、马良、程畿等十四位僚属	全国重点文物保护单位
岐山诸葛亮庙	陕西岐山蔡家坡镇南五公里处的五丈原	诸葛亮	东厢塑蒋琬、费祎、杨颙、李福、李恢等五位僚属	始建于唐初。陕西省重点文物单位
勉县武侯祠	陕西勉县西郊武侯镇武侯村	诸葛亮	西厢塑李福、吕义、李恢、董允、许靖、法正、蒋琬、费祎、杨仪、刘巴等十位僚属	原在汉江南岸,与武侯墓相邻。明正德后迁北岸今址。全国重点文物保护单位
祁山武侯祠	甘肃礼县祁山堡	诸葛亮	东西厢房各塑十位文武僚属,而无蒋琬	创建时间不详。祁山县文物保护单位。1982年重葺
木门道武侯祠	甘肃天水市秦州区牡丹镇木门村	诸葛亮	长廊塑马谡、吴班、高翔、邓芝、董允、陈震、杨仪、费祎、蒋琬、庞统等十位僚属	明初创建。清初毁于地震。2004年修复
襄阳武侯祠	湖北襄阳西郊古隆中风景区	诸葛亮诸葛瞻诸葛尚	东侧塑庞统、蒋琬、马良、习祯、向朗、费祎等六位文职僚属	始建于晋。全国重点文物保护单位
南阳武侯祠	河南南阳西郊卧龙岗景区	诸葛亮诸葛瞻诸葛尚	无蒋琬神位	始建于晋。全国重点文物保护单位
白帝城武侯祠	重庆奉节白帝山上	刘备诸葛亮	塑有李芝、庞统、张松、糜竺、蒋琬、费祎、孙乾、李严、董和、法正等十位文职僚属	原供奉公孙述,明朝改祀蜀汉君臣。全国重点文物保护单位
保山武侯祠	云南保山西南太保山上	诸葛亮	吕凯、王伉从祀	始建于明代。云南省重点文物保护单位
宜宾丞相祠	四川宜宾翠屏区流杯池社区	诸葛亮黄庭坚	无蒋琬神位	初祀黄庭坚,明朝合祠诸葛亮,再分室祀奉。四川省重点文物保护单位

续表

祠庙名称	地理位置	供奉主神	蒋琬神位情况	备注
绵竹双忠祠	四川绵竹城西茶盘街	诸葛瞻诸葛尚	无蒋琬神位	始建于乾隆二年。1985年维修。全国重点文物保护单位

如表9-2所示，这十一座武侯祠（丞相祠）中有六座供奉有蒋琬神位，且这是几座著名的武侯祠。

二、评论诗文

历代对蒋琬的评论并非一味地肯定或否定，有肯定其治蜀之功者，也有否定其调整对魏策略者，不过总体而言肯定多于否定。无论是肯定者还是否定者，都受评论者所处历史环境和主观认识的影响。相关诗文就是其肯定或否定态度的表现形式。这里选取的是一些具有代表性的诗文。

（一）赞辞

《三国志》中保存着杨戏创作的《季汉辅臣赞》。时任蒋琬大将军府东曹掾的杨戏为蜀汉刘备以下重要人物54人撰写了赞辞，包括诸葛亮、法正等"功臣"，也包括魏延、杨仪等"废臣"，还包括糜芳、潘濬等"奔臣"，并附有所赞人物的小传。这些赞辞和小传都是研究三国历史的重要材料。但是，杨戏所选择赞颂的蜀汉人物的去世时间截止于其撰辞之时，即延熙四年（241），因而不及尚在任上的蒋琬、董允、费祎、姜维等蜀汉后期名臣。

东晋文史学家袁宏采取与杨戏相同的体例再创作《三国名臣序赞》，给他认为三国最重要的20位名臣撰写赞辞，第次为荀彧、诸葛亮、周瑜、荀攸、庞统、张昭、袁涣、蒋琬、鲁肃、崔琰、黄权、诸葛瑾、徐邈、陆逊、陈群、顾雍、夏侯玄、虞翻、

第九章　历代推崇　千秋景仰

王经、陈泰。其中，曹魏9人，蜀汉4人（含夷陵之战后投奔曹魏的黄权），孙吴7人。袁宏不再按照魏、蜀、吴三国分别排列，也未受杨戏所选蜀汉人物的影响，而是按照自己的评价标准将三国名臣拉通排序。蒋琬在20位人物中排列第8，在蜀汉人物中排列第3，其赞辞云：

> 公琰殖根，不忘中正。岂曰模拟，实在雅性。亦既羁勒，负荷时命。推贤恭己，久而可敬。①

袁宏所处时代，魏、蜀、吴三国已成过往，其《三国名臣序赞》较之杨戏《季汉辅臣赞》更具客观性，其对蒋琬中正忠雅、推举贤能和负荷时命的赞颂就是对蒋琬一生功勋德业的准确评价。

清代湘、桂二地蒋氏崇奉蒋琬为远祖，编修有多种世谱、族谱、宗谱，其中《蒋氏龙边原谱》卷首载有蒋元远撰写的《湘乡侯琬公像赞》，其赞辞云：

> 德以自玉，才以自珍。出乎其类，超乎其伦。跻荣历显，致君泽民。堂堂容貌，肃肃簪缨。功勋律烈，声誉令名。流传青简，于兹是诚。以图以读，俨见平生。

作为蒋琬的后裔，蒋元远对蒋琬德才、名位的赞颂极尽溢美之词，较之袁宏的赞词略显空洞；其称"湘乡侯"，亦无历史依据。

---

① ［晋］袁宏：《三国名臣序赞》，萧统编、李善注《文选》卷四十七，影印文渊阁《四库全书》本，台北商务印书馆，1986年。

（二）史论

蒋琬的功勋德业自唐宋以来逐渐被诸葛亮、关羽、姜维等蜀汉军事人物所遮掩，历代史学家评论蒋琬者稀少，像唐庚《三国杂事》、陈亮《三国纪年》那样专门评论三国人事的著作亦不及蒋琬。在现存文献资料中仅见数条涉及蒋琬者，而专题评论蒋琬者仅一条。因而，这些评论显得十分珍贵，故摘录之。

苏辙《栾城集》卷九《历代论三·孙仲谋》：

> 蜀先主知嗣子之暗弱，举国而付之诸葛孔明。孔明又废李严、杨仪，援蒋琬、费祎而授之。虽后主之不明，而守国三十余年，君臣相安，蜀人免于涂炭之患，过于魏、吴远甚。

郭允蹈《蜀鉴》卷三《蜀汉蒋琬费祎保蜀》：

> 蒋琬委去南郑，称疾屯涪，无复远略，非但不足于攻，且不足于守，然则所谓乘汉、沔以复汉中、保凉州，而后氐羌，殆虚语耳。蜀之不竞，琬之罪也。

苏辙《栾城集》卷九《历代论三·晋宣帝》：

> 蜀先主将亡，召诸葛孔明而告之曰："嗣子可辅，辅之；如其不才，君可自取。"复语后主："汝与丞相从事，事之如父。"后主之暗弱，孔明之贤智，蜀人知之矣。使孔明有异志，一摇手而定矣。然外平徼外蛮夷，内废李平、廖立，旁御魏、吴，功成业定，又付之蒋琬、费祎，奉一昏主三十余年，而无纤芥之隙。此又霍

第九章 历代推崇 千秋景仰

光之所不能望也。

晁以道《景迁生集》卷一《元符三年应诏封事》：

> 蜀汉之时，诸葛亮死而蒋琬相，蒋琬死而姜维相，姜维乃以蜀汉为墟矣。盖蜀汉之相既如此其不肖，则蜀汉之乏人可知也。使蜀汉世世得人，姑如琬辈，则垂亡之魏何有于全盛之蜀哉！况其如亮者乎！

王夫之《读通鉴论》卷十《三国》：

> 蒋琬改诸葛之图，欲以舟师乘汉、沔东下，袭魏兴、上庸，愈非策矣。魏兴、上庸，非魏所恃为岩险，而其赘余之地也。纵克之矣，能东下襄、樊，北收宛、洛乎？不能也。何也？魏兴、上庸，汉中东迤之余险，士卒所凭以阻突骑之冲突，而依险自固，则出险而魂神已惘，固不能逾阃限以与人相搏也。且舟师之顺流而下也，逸矣；无与遏之而戒心弛，一离乎水而衰气不足以生，必败之道也。
>
> ……
>
> 琬移屯而东西防遂弛，邓艾阴平之祸，自琬始矣。琬疾动而不能行，司马懿方谋篡而未暇，故蜀犹以全。不然，此一举而蜀亡不旋踵矣。
>
> 蒋琬死，费祎刺，蜀汉之亡必也，无人故也。图王业者，必得其地。得其地，非得其险要财赋之谓也，得其人也；得其人，非得其兵卒之谓也，得其贤也。巴蜀、汉中之地隘矣，其人寡，则其贤亦仅矣。故蒋琬

· 177 ·

死，费祎刺，而蜀汉无人。

虽然，尝读常璩《华阳国志》，其人之彬彬可称者不乏。张鲁妖盗而有阎圃，刘焉骄急而有黄权、王累、刘巴，皆国士也。先主所用，类皆东州之产，耄老丧亡，而固不能继。蜀非乏才，无有为主效尺寸者，于是知先主君臣之图此也疏矣。勤于耕战，察于名法，而于长养人才、涵育熏陶之道，未之讲也。蒋、费亡而仅一姜维，维亦北士也，舍维而国无与托。败亡之日，诸葛氏仅以族殉，蜀士之登朝参谋议者，仅一奸佞卖国之谯周，国尚孰与立哉？

（三）诗歌

后世题咏蒋琬的诗歌间或有之，约得四十首。大致可分为三类：一是称颂其继承诸葛、辅佐后主的功业和宽厚仁义的雅量；二是因其故里和祠堂抒发对蜀汉历史的感慨；三是借助蒋琬的特殊经历抒发自己的情怀。此备录之。

宋·陈某《泉南满归过省下呈友人》：

> 二月泉南驿骑回，乱离怀抱为君开。
> 双凫暂假王乔力，百里空淹蒋琬才。
> 省幕薇阴遮案静，溪船山色入楼来。
> 应知别后遥相忆，清夜吹箫月满台。

（陈思编：《两宋名贤小集》卷三百七十九《瑞州小集》，影印文渊阁《四库全书》本）

第九章 历代推崇 千秋景仰

宋·陈普《咏史下·司马宣王》：

> 蒋琬费祎亦如虎，孙权天险据江湖。
> 曹年石马来何暮，也畏平沙八阵图。

（陈普撰：《石堂先生遗集》卷二十一，明万历三年薛孔洵刻本）

元·傅若金《送孔学文之湘乡州判》：

> 郡邑频骚动，朝廷失抚绥。
> 君繇先圣出，政学古人为。
> 北极回旋里，东门祖饯时。
> 家从天上挈，官自日边移。
> 雪树违燕市，风帆掠楚祠。
> 大江开浩荡，灵岳见参差。
> 候吏迎皆喜，州人到恐迟。
> 苔虚蒋琬宅，竹净褚公池。
> 闲暇应携酒，登临得赋诗。
> 此邦称富庶，今代益蕃滋。
> 地气湘潭会，天文翼轸垂。
> 山川曾屡涉，风土向来知。
> 秔稻金缠穗，松杉翠压枝。
> 鱼肥春雨窟，牛满夕阳陂。
> 禹贡连三澨，虞巡接九疑。
> 至仁终远被，淳俗未全漓。
> 豹隐多文采，鸿飞足羽仪。
> 五兵闲警逻，千耦乐耘耔。

听讼宁求异,观风政在兹。

治成听举最,万里慰怀思。

(傅若金撰:《傅与砺诗集》卷七,民国嘉业堂丛书本)

元·何中《读荆公集》:

古来遇合几君臣,无奈生为叔世身。

大志本难酬远业,诸公同是忌南人。

风高碧汉孤翻翩,波荡沧溟独纵鳞。

每恨孔明参佐劣,费祎蒋琬尽难伦。

(何中撰:《知非堂稿》卷五,清文渊阁《四库全书》本)

明·何景明《石川子歌》:

石川之水,东流入东海。

涛雷瀨雪几荡嚙,白石烂烂色不改。

泰山嵯峨青石室,楼阁窈窕云雾密。

悬峰窗牖瞰海底,红轮倒影扶桑日。

波上三山渺安在,海灵冥冥现百怪。

蛟螭九首盘为梁,神仙万古长相待。

石川子,七年茸茅卧烟岛,餐藜被褐身怀宝。

海东隐沦见面难,地北潜夫著书早。

自从召起绾银章,常梦山中把瑶草。

白雨青萝昼自垂,沙风赤叶秋空扫。

京华相遇谪仙才,笑解金龟沽绿醅。

花边昔放双凫去,云里今骑一鹤来。

蒋琬元知非百里，李渤终为谏官起。
冥鸿逝鹄须尔期，天路云衢自兹始。
君不见，鲁门海岛本避灾，国人祀之反求福。
虽有钟鼓罗王馔，惊鸣骇顾安能食。
男儿固要为龙蛇，胡为屈身终日随尘沙。

（何景明撰：《大复集》卷十三，明嘉靖刻本）

清·李象昺《为熊丽堂作西山修禊图系以二律以志修复蒋恭侯墓义举》：

无端匹马赋西征，又被人问识姓名。
且喜栽花除吠犬，不妨载酒共听莺。
君诗清隽如开府，我意疏狂似步兵。
从古骚坛推此地，青莲俎豆起先声。
好与坡仙作主宾，芙蓉溪水镜中春。
北堂日永芝兰秀，东阁花开翰墨新。
共剔莓苔寻古篆，偶从文字悟前因。
闻将策马游燕市，尚有何戡是故人。

清·李象昺《修复汉蒋恭侯祠墓》：

一抔黄土尚留香，殒魄何年卧夕阳。
功勋雅名悬日月，模糊篆籀历星霜。
揭来凭吊披苔藓，赖有同心奠酒浆。
慷慨陈词邀祀典，风云终为护祠堂。

清·唐存一《李刺史修复蒋恭侯祠墓落成》：

语到仙云齿亦香，蒋侯祠墓并流芳。
小心自可襄诸葛，大度尤能恕二杨。
一代名臣留片壤，千秋知己属同乡。
零陵公辅长沙守，南国文光信有光。

清·严履丰《汉蒋恭侯祠墓》：

荆南才产何殊尤，武侯之亚有恭侯。
两人同心谋北伐，千古勋名壮益州。
或附曹群忘蜀汉，苟陈大姓家风变。
建安忽易而黄初，二子之罪同于叛。
不有零陵蒋公琰，偏安王业谁共赞。
今上御极廿八年，长沙李公来刺绵。
一时气习颇秽恶，萑苻窃发弄戈铤。
按部焦心勤抚驭，披星戴月为民虑。
练团诣暴浑忘劳，编联保甲无嫌遽。
雷厉风行不少延，卖刀买犊安其天。
闻有坟在西山侧，汉大司马名犹传。
亲到荒烟蔓草中，碑刻剥残难详细。
证以郡乘省墓门，确是蒋公葬玉地。
诸葛而后得斯人，子孙黎民胡不利。
呼匠磨珉树新碣，修明祀典光窀穸。
尤将本传刻于前，后世珍之如拱璧。
城中更有熊比部，与官一心谐愿力。
数千年人经表扬，我公洵是古循良。①

---

① 民国《绵阳县志》卷九，《四川历代方志集成》本，国家图书馆出版社，2015年。

第九章 历代推崇 千秋景仰

清·蒋琦淳《谒蒋恭侯祠墓诗并序》：

蜀汉后主延熙四年，大司马安阳亭侯自汉中徙屯涪，以为水陆四通，东北有虞，唯涪为要。厥后邓艾竟由绵竹越涪，以举蜀。侯之智略若此，宜共奠全蜀延季汉而为忠武之续也。侯卒于涪，葬于涪。汉涪县即今绵州。侯墓在州治西八里西山之巅，久沦榛莽间。道光二十九年，李晓村刺史象昺邑绅熊丽堂比部文华诸人，表彰修葺之，砌以石而规其上，远望如亭，翼然复为祠，肖像以祀，请于朝，有司以春秋，将事甚盛典也。

侯二子斌、显死国难，季子贇奉夫人毛还湘中，居洮阳之石龙潭，今全州梅潭也。夫人卒，葬洮阳，今墓前犹存翁仲一。土人因名将军町。胡致堂谓：蒋氏之在永桂间者，仕版儒衣相望，盖自宋以来族愈繁衍。

琦淳家世全州，为侯裔，以咸丰甲寅九月，奉榷使之命入蜀，过绵见神道碑屹立涪水上，悚然趋谒墓前。平田千顷，山川襟带，气脉清淑，洵足以妥神灵、孕精秀矣。翁仲、华表亦有存者。下为鲍光禄仰轩坟，或以为鲍氏物，而形制甚古。鲍，明末时人，殊不类。祠在山之左麓，去墓半里，为堂三楹，塑像得雍穆之度。既拜谒瞻眺，复作诗五十韵，虽未能道扬盛烈，而窃幸亲至其地，借以纪岁月，并佩李、熊诸君子之高义于无穷云。李，长沙望族，吏蜀有声。熊，亦风雅士，乐善好施，州人亟称之。

忠雅开王业，艰难继老臣。
大名超费董，遗爱满峨岷。
国已三分改，才非百里抡。
翚飞崇栋橑，马鬣禁樵薪。

· 183 ·

窈窕丹青肃，馨香俎豆夤。
余哀啼蜀魄，流恨动江漘。
忆昔炎精丧，咸推帝胄亲。
蚕丛疆日辟，鱼水契无邻。
茅土承周祚，渊源问楚津。
湘波澄浴德，衡岳峻生申。
蛟岂污池物，儒为聘席珍。
烹鲜聊小试，纵酒亦天真。
才大殊难用，居卑岂为贫。
微官甘落拓，坚质谢细磷。
知己酬诸葛，空群遇乐歅。
青萍劳拂拭，白璧脱埃尘。
吉梦牛头卜，高衢骥足伸。
治中垂试暂，长史拜恩频。
素志齐元帅，清襟迈等伦。
食兵良具足，宫府各平均。
转运崎岖地，飞腾战伐辰。
储胥长与护，帷幄赞如神。
功自侪萧相，人知借寇恂。
定教时雨降，忽报大星沦。
拔处群僚右，操持至伐钧。
忧欣忘在己，毁誉协同寅。
适莫情何有，孤危气益振。
守成期后主，作事媲前人。
愦愦讥词息，休休度量臻。
风云今际会，雷雨大经纶。
总统纾筹策，驰驱念苦辛。
徙涪真得计，开府此来旬。

控扼三巴远，绸缪一疏陈。
西南连笮僰，东北赴梁秦。
但觉雄图阔，堪悲历数屯。
天威师未出，地火井还堙。
未了偏安局，重怜尽瘁身。
从兹光汉鼎，永令作虞宾。
神道瞻绵左，祠堂傍涧滨。
异乡情信羡，旧治俗尤淳。
归鹤依华表，盘螭刻翠珉。
文辞哀赞古，祀典圣朝新。
下拜犹倾会，伤亡特悯斌。
夫人终故里，季子奉明禋。
梅毓孙枝秀，瓜绵祖德纯。
龙潭迁历历，螽羽咏诜诜。
贱子初衔命，征途适向晨。
读书怀骏烈，展墓信前因。
遗像凌松柏，寒泉荐藻蘋。
南湘看不隔，宰树万山春。

（同治《直隶绵州志》卷十八，清同治十二年刻本）

清·文棨《熊丽堂重修蒋公落成偕僚属展祀赋诗纪盛》：

蜀汉已千秋，名臣祀典优。
感君扶大雅，使我忆前游。
瞻拜新祠宇，重登旧佛楼。
廿年一回首，风景不胜愁。

（民国《绵阳县志》卷九，民国二十一年刻本）

清·欧大任《费郎行送民益谪倅郧阳》：

燕京昔日少年场，斗鸡走狗挟干将。
博间怒叱鲁勾践，筑后停邀秦舞阳。
胡姬酒肆紫骝系，幽州马客绿眼光。
阴符在箧无所用，侠者独数费十郎。
费郎豸绣西台上，五陵公子争回向。
匕首买得徐夫人，竹皮揖问田丞相。
夕宴未醒平乐酒，晨趋已拜丹墀仗。
推毂由来长者多，分庭半是大父行。
于时橐笔满金门，班嗣书多世受恩。
风流吾党推家学，星散何年出帝阍。
移官喜得金陵乐，代兴况掌留都钥。
诗似中郎蕉叶文，府开大将莲花幕。
游骑频嘶朱雀桥，舠船每系青丝筰。
门士鱼肠醉并看，山僧麈尾寒犹捉。
二京出入快哉行，六代繁华斐然作。
谁知江左起风波，千里襄樊桂棹过。
记得青溪小姑曲，何似江陵稚女歌。
郧中开府方城外，郎去监州拥双旆。
罗舍从事宣武军，蒋琬犹堪蜀西倅。
汉庭任侠列九卿，归日汲生老犹在。
为郎慷慨弹剑吟，长安驿马今相待。

（欧大任撰：《欧虞部集十五种》，《痈馆集》卷一，清刻本）

第九章 历代推崇 千秋景仰

清·欧大任《送汪进士以虚宰金华》：

汪子少年才莫匹，奉对丹墀期第一。
试令俄从通籍年，理人初遇分符日。
浙西大邑瀫江涯，八咏楼前几万家。
城临三洞山山雪，春过双溪树树花。
子也蕲黄士，国宝荆州记。
嘉鱼吴献臣，巴陵邓宗器。
名世千秋表巨公，起家百里为循吏。
何羡庞元蒋琬乎，召归可待锋车使。

（欧大任撰：《欧虞部集十五种》，《西署集》卷二，清刻本）

清·姜埰《与汤给谏佐平》：

日午剥啄叩我门，老蚌抱珠光缤翻。
似是当年监州客，来往路出谢公墩。
两人相对不相识，但话凤沓多辞言。
家人惊诧亦异事，主翕见客弟与昆。
坐次率易少拘束，亟遣监奴谋盘餐。
起居高堂犹未已，下问若个诸儿孙。
两家子弟生也晚，欲知遗事披株根。
侯景大盗窃神器，百姓疮痍哭声吞。
高杰杀人脆如草，万粲何如亲臣尊。
少年探九砍文吏，坐法主名陈九阊。
诸葛出师得蒋琬，叹君章缝如诸贲。
帝曰北顾赖有汝，谁人不称晋刘琨。
稍迁郎署忤权贵，昌言不受私室恩。

俄诏画熊领五管，会向牛斗寻河源。
当时孤臣千万里，不知君心几烦冤。
呜呼！
皇天后土云雷屯，铁网珊瑚鱼龙浑。
宋室山河一线存，转眼化为虫与猿。
三宫衔璧舟一字，应为张陆招精魂。
一身死生且不保，十年功名何处论。
劝君且为尽酒樽，莫笑兴废老瓦盆。
只今双眼对乾坤，四海相知布袍温。
闻君家住老树邨，归来子舍躬晨昏。
堂上为余致问讯，何时边雁寄寒暄。

（姜埰撰：《敬亭集》卷二，清康熙刻本）

清·倪宗正《送管秋江先生四首》其一：

消息飞腾到故人，从来天马老精神。
冯唐终遇怜才主，蒋琬今当展足辰。
梅萼向人春欲动，棠阴满地政初新。
小园别意多惆怅，草色波光野水滨。

（倪宗正撰：《倪小野先生全集》卷七，康熙四十九年倪继宗清晖楼刻本）

清·朱增元《题汉大司马蒋琬故里碑》：

才名三峡内，赞语四人中。
生倚龙城秀，居传虎井通。
殖根归雅性，讨贼效孤忠。

相业承诸葛,难忘国士风。

(碧玉箫主编:《古今诗人咏湘乡》,1997年)

清·彭开勋《蒋琬故宅》:

将军筹策日,丞相出师时。
早堕中营泪,俄搴大将旗。
三秋悲故宅,千载吊荒祠。
我辈空怀古,安危计付谁。

(张湘涛:《长沙名胜诗词选》,长沙:岳麓书社,2014年)

清·朱贤超《蒋琬故宅》:

诸葛既不禄,王业尚偏安。
托孤与寄命,公琰当其难。
徙屯阻要害,御众秉心宽。
吴魏驰羽书,戎马纷惊看。
呜呼赤精衰,典午窥泥丸。
炀灶暗嗣主,权幸移中官。
阴平一失险,面缚多悲酸。
亦有费董流,涕泪黄泉干。
白帝城昼短,定军山夜寒。
郁郁忠雅志,区区苦摧残。
废苑窜鼯鼠,宿草零露漙。
天意可预镜,始贵申屠蟠。

(邓显鹤编:《湖湘文库·沅湘耆旧集》,岳麓书社,2007年)

清·朱祖洛《谒蒋公祠二首》：

王业三分犹有恨，秋风五丈尚留公。
卧龙以后推司马，忠雅依然誓鞠躬。
凉州刺史征行日，继镇唯公帅虎羆。
昭烈当年谋及此，应无蹉跌稊归时。

（张湘涛：《长沙名胜诗词选》，岳麓书社，2014 年）

清·李本葶《蒋公祠怀古》：

汉祚势倾如日昏，天柱那堪赤手扪。
诸葛不向隆中老，西风泪洒五丈原。
鞠躬尽瘁死而已，姜维诸人亦尔尔。
卓哉蒋公真绝伦，既不戚容亦无喜。
东吴南望魏北窥，宫中府中俱危疑。
司马果是人中杰，独以从容坐镇之。
一生正气光南斗，社稷之臣碑在口。
贞亮死节竟何成，终见降王传车走。
荒凉旧宅几经秋，井存伏虎终添愁。
回首如龙同是卧，汉水汇湘咽悲流。

（邓显鹤编：《湖湘文库·沅湘耆旧集》，岳麓书社，2007 年）

清·张佩纶《谪居》：

清时乘障谪居安，六拍悲笳且罢弹。
牛血调能明蒋琬，乌头何惜誓燕丹。

短衣离地舆台笑,芒屦循溪父老看。
九死孤臣亲酱雪,恩深未觉塞顷寒。

(张佩纶撰:《涧于集》诗卷三,民国十五年涧于草堂刻本)

清·董文涣《留别伯寅丈》:

干戈扰扰行焉往,身世茫茫愿总违。
海内终关儒者事,尊前已觉故人稀。
才疏蒋琬归田好,亲老王阳叱驭非。
霄汉从今相忆处,穷愁莫惜卧岩扉。

(董文涣撰:《岘樵山房诗集》初编卷八,清同治九年刻、十年增修本)

清·黄湘南《汉尚书令蒋琬故宅》:

行迈经荒郊,翠然怀古迹。
道左余断碣,云是蒋公宅。
忆昔建兴初,丞相建谠策。
惟公膺特荐,忠亮足广益。
辅政跻将军,曹随仍萧画。
毅然制阉奴,董费同焉奕。
芳躅不可见,遗居陵谷易。
云沉古木青,风起荒草白。
伫立发三叹,怊怅日欲夕。

(邓显鹤编:《湖湘文库·沅湘耆旧集》,岳麓书社,2007年)

清·石湘筠《楚咏》：

樊侯饶有大臣风，雅颂犹歌补阙功。
苦谏料民原爱国，非非终病柳河东。（仲山甫）
令尹贤名四十秋，毁家纾难见忠谋。
一言逃死非逃富，剩有缯衣与鹿裘。（斗子文）
服陈争郑著贤劳，谋谥毋忘一字褒。
城郢遗言无论已，遁师伏剑义尤高。（公子贞）
子木行军代子冯，克师还让退师功。
尊周攘狄恢疆场，都在弭兵胜算中。（蒍子冯 屈建）
子西惭死白公奔，乱定归休未易论。
谋国保身忠且智，知曾亲炙圣人门。（沈诸梁）
黄公清亮传遗疏，伯始中庸谚尚留。
好共画图悬内省，中郎一颂足千秋。（黄琼 胡广）
蒋费无惭社稷臣，后先勋业各殊伦。
可怜辅嗣终无济，诸葛成规尚未沦。（蒋琬 费祎）
大魁天下倅荆南，诗寄师门亦美谈。
不避惠卿安石谱，科名风节两无惭。（冯京）
彦直奇才迥不同，指挥诸将亦豪雄。
荆襄重镇谈何易，赖有儒生百战功。（赵方）
一疏休教壅上闻，乞回臣职让刘黄。
延唐遗墓谁凭吊，丹甑山头有瑞云。（李郃）
画像尝闻祀蜀都，煌煌治绩在荆湖。
张朱正学曾亲炙，奏议文章亦宋儒。（吴猎）
除蛇斩蛟毁淫祠，灼见真知事敢为。
经略有方缘母训，外家风范况清奇。（胡颖）
议争大礼泣涟如，万里传闻早上书。
抗疏归田无顾恋，先生端合燕泉居。（何孟春）

第九章 历代推崇 千秋景仰

封王不独忧宗社,书疏还能祸子孙。
启迪相聪真卓识,后来清议有公论。(李腾芳)
美命可堪权相扼,鱼山其奈辅臣憎。
不为汉上投竿叟,便作灵岩退院僧。(郭正域 熊开元)

(邓显鹤编:《湖湘文库·沅湘耆旧集》,岳麓书社,2007年)

清·顾光旭《京口晚泊访同年蒋春农中翰宗海置酒话旧即席率成长句》:

君年三十六,我年二十五。
一别春明忽如雨,君年六十一,我年正五十。
铁瓯城边与君揖,渌酒明灯又一时,人生聚散乃如斯。
欲言不言意转绌,良久方从别离说。
谢傅在时客满堂,相呼夜宴丝竹光。
早随彭戴深相结,窃愧曾苏远擅场。
君归三径缁尘远,诸葛所推惟蒋琬。
只令人笑虎头痴,日对西山拄手版。
相逢便讶发苍苍,似惜寒驴穿蜀栈。
请君且勿言,听我一歌行路难,人情翻覆似波澜。
扪参历井空长叹,前年买舟径东下。
滟滪秋来尚如马,江陵千里万重滩。
却卧篷窗如广厦,此中夷险君自知。
明日东风当告辞,回舟定复过邗上,更向扬州借鹤骑。

(顾光旭撰:《回响泉集》音泉集诗十五吾庐漫稿下,清宣统刻本)

清·顾汧《送蒋越音之上杭令任》：

燕山秋易老八月，朔风尘良宰自兹。
去单车远赴闽望，衡比舍宴言久临。
别□踟蹰重置酒，酒酣耳热恣高谭。
座无弦管欢握手，停杯怅然客不怿。
问之不答频搔首，咄哉此意知者希。
鸾刀试割心事违，树帜文坛二十载。
君才自合排金扉，盐车久絷骐马足。
借此自效驰朝晖，呜呼君意固如此。
男儿立身岂徒尔，功名何足轩轾人。
用世会应有根抵，如余幸遇右文朝。
旅入玉堂升丹霄，俳优词赋竟何补。
瓦缶敢语谐箫韶，负惭空糜大官饩。
尝愿职司求自试，君今双凫飞天南。
下邑投艰别利器，况逢汤火甫离时。
抚字招携好措施，长官清勤土俗厚。
莫言廉吏不可为，夜深情话殊未已。
起步中庭月如水，且须痛饮永今夕。
策名荣问从兹始，君不见，蒋琬原非百里才。
得时命驾休徘徊，此行岂遽为君宠迟，君奏绩来金台。

（顾汧撰：《凤池园诗文集》诗集卷二，清康熙刻本）

清·蒋薰《望前一日子帅以陇酒见惠》：

故人送我刘家酒，不待中秋速客尝。
明日阴晴难可料，今宵风月好非常。

第九章　历代推崇　千秋景仰

> 陈遵无用投车辖，蒋琬从来在醉乡。
> 西望挥杯遥劝汝，歌呼添得十分狂。

（蒋薰撰：《留素堂诗删》卷二《塞翁编》，清康熙刻本）

清·罗惇衍《蒋琬》：

> 社稷臣非百里才，广都仓卒免官来。
> 食兵事赞成王业，喜戚形忘压众材。
> 愤愤谤言因足悯，汪汪大度相无猜。
> 还涪六载乘流进，未就舟师志可哀。

（罗惇衍撰：《集义轩咏史诗钞》卷二十二，清光绪元年刻本）

清·许珌《慰友罢官》：

> 故人万里忽相见，顿觉驰驱行路长。
> 一命那堪羁蒋琬，二天何至诣苏章。
> 栽花种柳终卑吏，涉塞临关总异乡。
> 我甫折腰君解组，几时林下话河阳。

（许珌撰：《铁堂诗草》卷下，清乾隆五十五年兰山书院刻本）

清·蒋棨《长安道中杜湘草四十初度》：

> 山林今日无遗贤，开颜握手笑拍肩。
> 九衢蚁逐不知数，两人心迹同云烟。
> 举头笑人还自笑，浪走长安觅诗料。

金刹苍松好听莺，瀛台碧水堪垂钓。
一样风尘策蹇驰，道傍之人知不知。
不关社稷蒋公琰，独爱樊川杜牧之。
凌云甲第清淮上，剩水残山园囿旷。
南涧苹蘩德耀牵，北堂鹝黍茅容养。
蹑屩登临饱世情，年当强仕客燕城。
埙篪寂寞依亲串，兰玉迢遥对友生。
吾徒自命直千古，白璧黄金犹粪土。
室有琴尊架有书，家无鼠雀市无虎。
狂学吴侬亦快哉，略尝冷炙与残杯。
著书天地寿金石，白眼看人归去来。

（蒋楛撰：《天涯诗抄》卷三，清康熙三十三年丘如升刻本）

清·沈寿榕《庞靖侯祠墓》：

鹿头关外雨冥濛，宰树寒生二月风。
位并军师诸葛亚，疆联庙祀蒋侯同。
一州坐定阴谋蜀，百里才多偶借公。
闻说残碑新出土，轻鞭可惜去匆匆。

（沈寿榕撰：《玉笙楼诗录》卷一，清光绪九年刻增修本）

清·梁焕奎《过蒋安阳侯故宅》：

斯人无久存，修名得长在。
栖托亦偶然，因之持千载。
安阳古良才，闻风振凡猥。

第九章 历代推崇 千秋景仰

区区仰止情，不与河山改。
至今瞻遗貌，磊落见丰采。
泉汤流有声，湖霞落成彩。
道旁故侯瓜，萧条不堪采。
华屋屹相望，俄顷人俱殆。
盛衰固有时，桑田忽沧海。
不永甘棠爱，谁从敬无怠。
零落无几何，既朽徒遗悔。
一息保令名，抗心复何待。

（梁焕奎撰：《青郊诗存》卷六，民国元年梁焕均长沙刻本）

清·蒋泽沄《子德均寄呈蜀汉恭侯墓图》：

墓在四川绵州西六里西山观，用癸亭从祖谒公祠诗韵赋示（戊子）。

西蜀僻一隅，三分抗坤轴。
五丈大星颓，何人膺枚卜。
我侯虑忠纯，心伤国日蹙。
前帅远出师，二表陈痛哭。
后事谁付托，殷勤致推縠。
远近危悚时，定静孚众瞩。
秦川道既艰，东下武亦黩。
计惟连江东，安刘钽非族。
规方劳六年，吴期空催促。
凉州胡塞冲，羌戎久输服。
河右扬前旌，诸军定要束。
进取纵难期，尔载无忧覆。

哲人竟云萎，炎社乃遽屋。
尽瘁同武侯，遗疏难卒读。
忠骸瘗涪州，抔土完备筑。
迄今二千年，史传扬芳馥。
湘乡公故里，云仍多雌伏。
迩来军旅兴，稍稍登除目。
小子守阴平，五年劳案牍。
公余谒楸松，鞠跪矢肃穆。
伐石整倾欹，割牲伸奠祝。
西山列画幅，涪流泛新绿。
绘图诒梓邦，谛观还往复。
仰维社稷器，清芬愧似续。
为政屏修饰，安民德弥淑。
龙州虽偏小，绳武缅芳躅。

（蒋泽沄：《容川诗钞》卷三）

清·廖树蘅《蒋安阳祠》：

书记从龙入蜀来，壮怀时一跃深杯。
牛头预兆三公贵，鸾凤原非百里才。
贱日声名中表共，平生忠雅故侯推。
门前火井犹腾焰，一样昆明有劫灰。

（喻亚军编：《神水灰汤》，方志出版社，2009 年）

蒋琬大事年表

灵帝中平五年（188）　一岁
出生。

按：蒋琬生年，魏晋文献失载。清代《蒋氏族谱》出现了两个生年，即汉灵帝熹平五年（176）和汉献帝初平四年（193）。据《三国志·蒋琬传》关于蒋琬二十岁知名和旋为荆州书佐的记载，考刘备收服荆南四郡在建安十四年（209），蒋琬当在此年为书佐，那么这两个生年与蒋琬二十岁左右归刘备相距甚远。如其前者，则蒋琬归从刘备时已三十三岁；如其后者，则蒋琬才十六岁。二者皆不可置信。

罗开玉编撰《四川通史》之"秦汉三国"卷作灵帝中平五年（188），据此推之，蒋琬在二十二岁时归从刘备，比较合理，姑从之。

献帝建安十四年（209）　二十二岁
刘备率兵取荆南四郡，蒋琬归从先主，为荆州书佐。

按：蒋琬为荆州书佐的途径和时间，魏晋文献没有记载。最有可能的途径有两个：一是刘备收服荆南四郡时，二是随后诸葛亮督理零陵、长沙、桂阳三郡时。两个途径不同，而时间前后相续，皆在此年。

献帝建安十六年（211）　二十四岁
以荆州书佐随刘备入蜀，至涪城。

按：刘璋敕令刘备所经郡县州皆予以"供奉"。刘备入境如归，直达今之重庆，再至今之合川，沿涪江而上，抵达今之绵阳东山。刘备与刘璋欢饮百余天，甚叹其富且乐，东山由此改称富乐山。

献帝建安十七年（212）　二十五岁
随刘备至葭萌，还兵南向攻刘璋。

按：刘备率军北上攻张鲁于汉中，至今之昭化不进，回师攻取刘璋所据之巴蜀。

献帝建安十八年（213）　二十六岁
随刘备趋向西川，围攻广汉。

献帝建安十九年（214）　二十七岁
随刘备进入成都，取代刘璋政权。

按：刘备围攻成都数十日。刘璋为城内军民计，放弃抵抗，开城投降。刘备将刘璋安置到南郡公安。
孙权杀关羽，取荆州，以刘璋为益州牧，驻秭归。未几，璋卒。

献帝建安二十年（215）　　二十八岁
出任广都长，旋因沉醉而被免。

按：蒋琬拜广都长的具体时间无法确定，当在刘备取代刘璋之后，不待其称王称帝之时，姑系于始年。

献帝建安二十一年（216）　　二十九岁
被重新起用为什邡县令。

按：蒋琬被重新起用为什邡令的具体时间无法确定，当在其被免除广都长后不久，亦即刘备称帝之前。

先主章武元年（221）　　三十四岁
由丞相诸葛亮举荐入朝为尚书郎。

按：刘备称帝，仿照东汉制度设官分职。其中核心机构为尚书台，以令为长，其下置尚书，再下即为尚书郎。

后主建兴元年（223）　　三十六岁
诸葛亮开丞相府，由尚书郎转为丞相府东曹掾。

按：《华阳国志》系丞相开府在建兴二年。据《三国志·先主传》，诸葛亮和李严于当年五月奉遗诏辅佐后主，具备法理依据和开府时间，此从《三国志》。时丞相府以长史为总领，参军为副职，设东西两曹掾，分掌东西两曹，署理政务。

后主建兴二年（224）　　三十七岁
举为茂才。

按：举茂才是汉代察举制选拔人才的方式，即由各州的地方官吏推荐才华出众、品德高尚的人才，经考试后选拔为官吏。

蒋琬不愿参与，而举荐他人。诸葛亮以国家大事致书相劝，终举为茂才。

蜀汉鲜见举茂才，见于史册的似乎仅此一次，且似乎专为蒋琬而行。

后主建兴三年（225）　　三十八岁
拔为丞相参军，跟随诸葛亮南征四郡。

按：此年诸葛亮率军南征四郡，升蒋琬为参军，随军出征。

在南征途中，蒋琬陪同诸葛亮接见了曹魏降将李鸿。李鸿言及魏将孟达有归蜀意。诸葛亮欲诱孟达为外援，遂与孟达交通。

后主建兴五年（227）　　四十岁
丞相诸葛亮移驻汉中。蒋琬以参军身份，与长史张裔同署丞相府事。

按：诸葛亮移驻汉中，开始进行北伐准备。参军杨仪随征，蒋琬留在成都，与长史张裔共同署理丞相府事务。

后主建兴六年（228）　四十一岁

赴汉中，引《春秋》故事劝谏诸葛亮斩马谡，遭诸葛亮拒绝。

> 按：诸葛亮北伐期间，蒋琬因后勤保障和朝廷大政而往返于成都和汉中之间，沟通协调。时逢诸葛亮处置马谡，遂引历史故事反对斩杀马谡，遭诸葛亮拒绝。

后主建兴八年（230）　四十三岁

接替张裔为丞相府长史，加抚军将军，深得诸葛亮赞赏，并密荐其为自己的继承人。

> 按：诸葛亮密表蒋琬为其继承人的具体时间无法确定，当在丞相府史长张裔病故，蒋琬升任丞相府长史之后。
>
> 蒋琬主持丞相府政务，深得诸葛丞相赞赏，遂密荐其为自己的继承人。同时，升参军杨仪为长史，继续随其出征北伐。

后主建兴十二年（234）　四十七岁

诸葛丞相病故，以丞相府长史为尚书令，加行都护，假节，领益州刺史，录尚书事，封安阳亭侯。

> 按：蜀汉体制，尚书令不是主政大臣，须得一系列加官，其中录尚书事才能参决机要。
>
> 蜀汉以恢复汉室、还都洛阳为政治目标，而以成都为"行都"。

后主建兴十三年（235）　　四十八岁
四月，进为大将军。

按：蜀汉沿袭东汉旧制，以丞相和大将军为主政大臣。诸葛亮主政开府之后，后主不愿继任者与之等齐，不再以丞相相授，皆以大将军为主政大臣。

后主延熙元年（238）　　五十一岁
十月，出屯汉中，承诏开大将军府。

按：常璩《华阳国志》作十一月。至开大将军府，才走完升任主政大臣的程序。
大将军府的属员配置略同于丞相府，以王平署大将军府事，李福领大将军府司马，杨戏为大将军府东曹掾。

后主延熙二年（239）　　五十二岁
三月，晋升为大司马，改大将军府为大司马府。费祎接任尚书令。

按：升姜维为大司马府司马，掌领军事。或因汉中远离成都，难免顾此失彼之虑，升费祎为尚书令，其为辅政行都之基。

后主延熙三年（240）　　五十三岁
调整对魏战略，制定"东征金（城）（上）庸方案"，并着手准备工作。

按：制定沿汉江东下，夺取金城、上庸方案的具体时间无法确定，当在本年基本完成。

后主延熙四年（241）　　五十四岁
十月，与尚书令费祎在汉中谘论事，尽岁终。

按：蜀汉朝议认为"东征金庸"的方案风险太大，可能陷入有去无回的困局，遂予以否定，并遣费祎专程来汉中，与蒋琬商讨对魏战略。

后主延熙五年（242）　　五十五岁
派遣姜维督偏师自汉中还屯涪城，进行大司马府移驻涪城的准备工作。

按：大司马府移驻涪城应当是上一年在汉中商定的，故先派遣大司马府司马率军到涪城筹备。
此举主要目的是缓解长期以来困扰蜀汉北疆大军的军资运输补给问题。

后主延熙六年（243）　　五十六岁
十月，自汉中移驻涪城。升费祎为大将军，姜维为镇西大将军。

按：蒋琬上疏后主，阐述移驻涪城的理由，认为曹魏强大，只可分裂蚕食，不能一举绝灭，决定移驻涪城，策应各方。
同时，升姜维为镇西大将军，出兵凉州，衔制河右。以体弱病重，难承内辅大政、外御强敌之重任，升

费祎为大将军，将主政大权向费祎过渡。

后主延熙七年（244）　五十七岁

派兵与大将军费祎所率成都大军会合，一起增援汉中，大败魏军于兴势。辞让益州牧于费祎。董允以侍中守尚书令，为大将军费祎副贰。

按：曹魏大将军曹爽率十万大军分路进发汉中。蜀汉汉中都督王平一面组织抵御，一面向涪城和成都求援。费祎率行都和涪城驻军奔赴汉中。魏军败退关中。战后，蒋琬让益州牧于费祎，又升董允为中书令，姜维仍主军事，形成了"诸贤共政"的朝局。

后主延熙八年（245）　五十八岁

养病涪城。大将军费祎至汉中，巡视北疆各"围守"。

按：蒋琬因病重已无法作为，蜀汉主政大臣之权实际已过渡给费祎。费祎在魏军败走后巡视汉中各个军事堡垒，以提振士气，加强防御。

后主延熙九年（246）　五十九岁

病故于涪城，葬于西山。董允亦病逝于成都。

按：蒋琬墓在涪城之西山，虽明清湖南蒋氏族谱间有异载其地者，然终无法否定《三国志》《华阳国志》《元和郡县图志》的确凿记载。清道光年间修复，至今仍保存着。

参考文献

[1] 陈寿：《三国志》，中华书局，2013年精装本。

[2] 范晔：《后汉书》，中华书局，2013年精装本。

[3] 房玄龄等：《晋书》，中华书局，2013年精装本。

[4] 沈约：《宋书》，中华书局，2013年精装本。

[5] 魏徵等：《隋书》，中华书局，2013年精装本。

[6] 常璩著，刘琳校注：《华阳国志》，巴蜀书社，1984年。

[7] 李吉甫撰，贺次君点校：《元和郡县图志》，中华书局，1983年。

[8] 王象之著，李勇先校点：《舆地纪胜》，四川大学出版社，2005年。

[9] 祝穆著，施和金点校：《方舆胜览》，中华书局，2003年。

[10] 郭允蹈撰，赵炳清校注：《蜀鉴》，国家图书馆出版社，2010年。

[11] 杨晨：《三国会要》，中华书局，1956年。

[12] 卢弼：《三国志集解》，中华书局，1982年。

[13] 洪饴孙：《三国职官表》，《二十五补编》，中华书局，1998年。

[14] 周圣楷撰，廖承良等点校：《楚宝》，岳麓书社，2016年。

[15] 《明一统志》，影印文渊阁《四库全书》本，台北商务印书馆，1986年。

[16] 《钦定大清一统志》，影印文渊阁《四库全书》本，台北商

务印书馆，1986年。

[17] 万历《四川总志》，明万历刻本。

[18] 万历《湖广总志》，明万历十九年刻本。

[19] 雍正《四川通志》，清文渊阁《四库全书》本。

[20] 嘉庆《四川通志》，清嘉庆二十一年木刻本。

[21] 光绪《湖南通志》，清光绪十一年刻本。

[22] 同治《直隶绵州志》，清同治十二年刻本。

[23] 康熙《永州府志》，清康熙九年刻本。

[24] 道光《永州府志》，清道光八年刊本。

[25] 嘉靖《长沙府志》，明嘉靖刻本。

[26] 民国《双流县志》，民国十年修二十六年重刊本。

[27] 嘉庆《什邡县志》，清嘉庆十八年刻本。

[28] 民国《宁乡县志》，民国三十年活字本。

[29] 同治《湘乡县志》，清同治十三年刻本。

[30] 民国《湘乡史地常识》，民国二十四年湘乡排印局排印本。

[31] 光绪《零陵县志》，清光绪修民国补刊本。

[32] 沈伯俊：《蒋琬与恭侯墓》，《三国漫话》，四川人民出版社，2000年。

[33] 王前程：《一位不可多得的蜀中英才——蒋琬论》，沈伯俊、蒋志、黄小林主编《三国演义学刊》，四川人民出版社，2005年。

[34] 高显齐：《托志忠雅与安民为本》，沈伯俊、蒋志、黄小林主编《三国演义学刊》，四川人民出版社，2005年。

[35] 刘长荣：《蒋琬泪》，沈伯俊、蒋志、黄小林主编《三国演义学刊》，四川人民出版社，2005年。

[36] 晋超、徐明波：《蒋琬与道家政治传统》，谢辉、罗开玉、梅铮铮主编《诸葛亮与三国文化（四）》上册，四川科学技术出版社，2011年。

[37] 高显齐、罗南：《蜀汉风云》，大众文艺出版社，2007年。

[38] 高显齐：《蜀汉名臣蒋琬》，团结出版社，2018年。

[39] 席剑海、杨霞：《蒋琬》，《三国历史人物故事（蜀国卷）》，北京燕山出版社，1996年。

[40] 赵树中：《蜀汉名臣蒋琬墓》，《四川文物》，1985年第3期。

[41] 梁玉文：《咸承诸葛成规的蒋琬、费祎》，《成都大学学报》（社会科学版），1986年第3期。

[42] 何志国：《蒋琬葬于绵阳考辨》，《四川文物》，1991年第1期。

[43] 王孝柏：《蒋琬故里考》，《文献》，1992年第2期。

[44] 颜宪明：《蒋琬雅量今思》，《机电兵器政工》，1994年第8期。

[45] 刘克敏：《蒋琬的雅量》，《中州统战》，1996年第8期。

[46] 于辰：《蒋琬雅量》，《湖南政报》，1997年第8期。

[47] 顾彭荣：《从蒋琬善待逆耳之言说开去》，《前进论坛》，1998年第7期。

[48] 张学君：《"汉大司马蒋恭侯墓"与蜀汉名相蒋琬》，《四川文物》，2004年第5期。

[49] 金石：《书生拜大将 不战亦有功——蒋琬墓抒怀》，《神州》，2006年第3期。

[50] 江中云：《小说内外的蒋琬其人其事》，《南阳师范学院学报》（社会科学版），2006年第8期。

[51] 齐学东：《成都身死日 汉将有余哀——姜维、蒋琬、费祎论》，《福州大学学报》（哲学社会科学版），2006年第4期。

[52] 沈伯俊：《〈三国演义〉刘蜀后期人物三论》，《上海大学学报》（社会科学版），2006年第5期。

[53] 鲁艺：《蒋琬的心胸》，《石油政工研究》，2007年第1期。

[54] 朱子彦、边锐：《诸葛亮接班人与蜀汉政权存亡》，《探索与争鸣》，2007年第10期。

[55] 李绍先：《蜀汉后期的三位"贤相"》，《文史杂志》，2008年第3期。

[56] 马美：《湘人蒋琬 蜀国宰相》，《老年人》，2010年第1期。

[57] 长城长：《蒋琬的祠堂缘何多过诸葛亮》，《档案时空》，2010年第3期。

[58] 刘建明：《蒋琬的气度》，《文史天地》，2010年第10期。

[59] 沈伯俊：《诸葛亮的接班人——蒋琬》，《西华大学学报》（哲学社会科学版），2011年第4期。

[60] 邓尧刚：《蜀汉政权中后期的对外政策》，《读天下》，2016年第18期。

[61] 王淼：《蒋琬和武则天的雅量》，《潮州日报》，2016年5月1日。

[62] 龚本庭：《蒋琬的雅量》，《劳动时报》，2017年7月7日。

[63] 时殷弘：《从徒劳北伐到蜀汉覆亡：战略的蜕化、复兴和湮灭》，《世界政治研究》，2018年第2期。

[64] 骆延峰：《蒋琬的宽容》，《思维与智慧》，2018年第24期。

[65] 王前程：《论蒋琬东征战略的价值及其流产的主要原因》，《西华师范大学学报》（哲学社会科学版），2019年第6期。

[66] 吕国康：《三国名臣蒋琬籍贯、故里考》，《寻根》，2020年第2期。

[67] 黄朴民：《蒋琬的雅量》，《文史天地》，2020年第9期。

[68] 张淦：《受益惟谦 乃至高远》，《前线》，2021年第10期。